Chary Gumeta

I0088908

Despatriados / Exiled

Translated by Pilar González

artepoética press

Nueva York, 2020

Colección
Rambla de Mar

Despatriados / Exiled

ISBN-13: 978-1-940075-95-2
ISBN-10: 1-940075-95-5

Design: © Carlos Velasquez Torres
Cover & Image: ©Jhon Aguasaco
Editor in chief: Carlos Velasquez Torres
E-mail: carlos@artepoetica.com
Mail: 38-38 215 Place, Bayside, NY 11361, USA.

© Despatriados / Exiled, 2020 Chary Gumeta
© Despatriados / Exiled, 2020 for this edition Artepoética Press

Chary Gumeta

Despatriados / Exiled

Translated by Pilar González

**Colección
Rambla de Mar**

Contenido

Para el pequeño cuervo
Que picotea mi corazón,
Y se regenera dolorosamente

Para mis hermanos de Centroamérica
Que van tras las huellas del mundo

For the small raven
That pecks at my heart,
And restores itself painfully

For my brothers in Central America
Who follow the footprints of the world

Soy un indocumentado de la eternidad
Un ilegal que cruza las fronteras del sueño.

Homero Aridjis

I am an eternal undocumented man
An illegal who crosses the borders of dreams.

Homero Aridjis

Cuando migra la ternura

Tener una patria es tener un lugar para acostar el corazón. Tener una patria es tener un lugar para depositar el olvido, la nostalgia, el coraje, el cuerpo, la voz para nombrarla. Cuando no se tiene patria, el olvido, el coraje, la nostalgia y la voz se convierten en recurso, estrategia, motor de una lucha que no cesa.

En los lomos de un larguísimo animal de hierro implacable, viajan cientos de historias, de biografías, de voces. Algunos van quedando desperdigados en el camino; otras en la memoria de sus madres, hermanos, hijos, esposos. El amor queda enquistado en aquello que ya no huele a nada, más que a trayecto, riesgo, esperanza.

Cuando se trata de un libro de poesía respecto a la migración como éste, estamos ante un tratado acerca del amor y la ternura. Las narrativas sobre las movilidades humanas en Centroamérica son hoy un compendio de causalidades que develan la violencia, el desajuste y la agudeza de un sistema económico avasallador y agresivo contra las personas. Sin embargo, dichas narrativas nunca revelan el necesario contenido del afecto, que sigue representando el principal recurso que tenemos los seres humanos para vivir y sobrevivirnos.

Despatriados es, por sí solo, un libro en movimiento.

Un viaje que inicia una tarde cualquiera en un departamento hondureño, salvadoreño o nicaragüense y continúa a través de las interminables comisuras de un mapa ancho y monumental que no termina de doblarse, ni siquiera cuando la persona cumple con su cometido de llegar a destino final. Es un conjunto de necesarias aproximaciones al sujeto migrante, que refleja la forma mediante la cual los cuerpos de las personas se vuelven trashumantes (una noción que apela, al decir de Carolina Dillling (sf) a los mecanismos que desgajan los discursos y

When tenderness migrates

To have a homeland is to have a place to rest your heart. To have a homeland is to have a place to deposit forgetfulness, nostalgia, rage, the body and voice. In the absence of a homeland, forgetfulness, nostalgia, rage, and the voice become resources, strategies, and the motor of a ceaseless fight.

Inside the back of a long and unrelenting metal animal, hundreds of stories, histories and voices travel. Some remain along the path; others in the memories of their mothers, brothers, children, and spouses. Love remains entrenched in that which no longer smells like anything other than the journey, risk, and hope.

When it comes to a book of poetry about migration such as this one, we are before a treaty of love and tenderness. The narratives about the human movement within Central America are, today, a compendium of causalities that reveal the violence, the imbalance and acuity of an overwhelming and aggressive economic system against the people. Nevertheless, these narratives never reveal the necessary content of the affection that continues to represent the main resource that we humans have to live and survive.

Exiled is, on its own, a book in motion.

A journey that begins on an arbitrary afternoon in a Honduran, Salvadorian, or Nicaraguan sector, and continues through the interminable corners of a wide and monumental map that never stops bending, not even when the main character succeeds in the mission of reaching their final destination. It is a compound of necessary approximations to the subject of migrant, who reflects upon the form by which human bodies become transhumant (a notion that appeals to Carolina Dilling's statement of the mechanisms that split the discourses and structures upon which power and territorial hegemony are sustained — namely, the states).

las estructuras sobre las cuales están sustentados el poder y la hegemonía territorial, es decir, los estados).

Es un libro de continuidades entre el cuerpo y la voz de las personas migrantes (así como está definido en su estructura formal. Dos partes: cuerpo y voz) que refleja la continua búsqueda, la superación de las fronteras, las propias y las que deben atravesarse, así como la referencia a los climas que envuelven y acompañan la travesía, tanto la externa, como la interior.

Por ello contiene poemas que hablan del frío y el calor como cosas insoportables, como si la insoportabilidad del desarraigo no fuera ya suficiente y la incertidumbre del viaje no contemplara desafíos para quienes deciden hoy salir de su contexto de origen, motivados por tantos factores como kilómetros deben recorrer. Entre las voces que resuenan, están los más olvidados de los olvidados. Aquellos arrancados por sus identidades, sus orígenes diversos, sus edades grandes y pequeñas, sus pertenencias a comunidades que siguen siendo arrasadas.

En un texto sobre el tema de la nostalgia en las personas migrantes, Abdelmayek Sayad ("El país al que nunca se llega". Correo de la UNESCO. 1996) insiste en las reparaciones incesantes que el viaje produce EN ellas.

Las conmina a un permanente ejercicio de extrañamiento, a un "no llegar nunca" aunque se llegue. Un retablo de palabras sobre esa noción aletargada nos lo aproxima la poeta Chary Gumeta; nos recuerda una región que para muchos (cerca del 12% de su población total) queda sumida en la memoria, como idea posible de una patria grande y de cinturas anchas:

"Recordaré este viaje soportando el viento sobre el rostro, con un olor diferente al que se respira en Centroamérica" o ¿Cómo decirte que sobreviví en este camino gracias al perfume de tus noches?. Casi se puede divisar el rostro de la mujer o el joven, al masticar la

It is a book of continuity between the body and the voice of the migrant people (just as it is defined in its formal structure. Two parts: body and voice) that reflects the endless search, the surmounting of borders—the proper ones as well as the ones that should be crossed, like the reference to the climates that surround and accompany the journey, both external and internal.

Because of this, this book contains poems that discuss the cold and the heat as insufferable things, as if the intolerability of upheaval weren't enough and the uncertainty of the voyage did not consider challenges for those who decide to leave their comfort zones, motivated by many factors such as the kilometers they must traverse. Among the resounding voices are the most forgotten of them all: those uprooted because of their identities, their diverse origins, their ages (young and old), their belonging to communities that continue to be mistreated.

In a work about the nostalgia that is present in migrants, Abdelmayek Sayad ("El país al que nunca se llega". Correo de la UNESCO. 1996) emphasizes the incessant reparations that the journey produces in them.

He instructs them to practice a permanent exercise on banishment, on never arriving even when they do. Chary Gumeta brings us an altarpiece of words on that lethargic notion; she reminds us of a region that for many (nearly 12% of the total population) remains immersed in memory, like the possiblity of a big homeland and wide hips.

"I will remember this journey bearing the wind on my face, with a different scent

than the one we breathe in Central America" or "How do I tell you that I survived this voyage thanks to the perfume of your nights?" You can almost make out the face of the woman or the young man, and bite the nostalgia like the harshest remnants of a love you cannot return to.

This book is soaked with a certain poetic anthropology.

nostalgia como el más áspero de los retazos de un amor al que no se vuelve más.

Este libro está impregnado de cierta antropología poética. Su autora va tras las historias y las biografías que hoy no se registran en los espacios de la oficialía fronteriza; se interroga por los cuerpos que van quedando en el camino, los nombra, les da espacio para que puedan despedirse de los suyos, los acompaña con sus manos de alfarera y reparadora, sanadora ella de los amores que quedaron inconclusos. Se pregunta si es tan necesario desterrarse de la patria, del amor. Ella misma se destierra permanentemente con su poesía. Se interroga si es tan segura la propia sombra para vivir en ella: "No, aún no he decidido dónde quedarme, Dónde amanecer junto a mi sombra".

Sus poemas son también respuestas a esas exactas preguntas.

En un momento en que es tan necesario desmontar la narrativa de la violencia por violenta para seguir adelante construyendo la región que somos, este libro refiere a la ruta del cariño y del afecto; llama a ocuparse del olvido como un problema de salud pública que debe ser atendido por los gobiernos centroamericanos, todos.

Pero también, advierte la lucha que hay tras las historias que cuenta. En este sentido, nos urge a recuperar el carácter subversivo y estratégico de quienes parten con la ternura como instrumento. Al decir de Amarela Varela, ("Buscando una vida vivible: la migración forzada de niños de Centroamérica como práctica de fuga de la muerte en vida". El Cotidiano N 194. 2015) son estrategias necesarias que las personas migrantes establecen contra el régimen global de fronteras. Las comprometen, las parten en dos.

Despatriados es, de los textos que he leído sobre el tema migratorio en Centroamérica, el que más claro me revela ahora las formas cálidas de quienes trazan sus rutas para buscar un sueño. Me devuelve, por ello, el orgullo

Its author follows the stories and biographies that aren't recorded in the official border offices; she is questioned by the bodies she finds along the way, she names them, gives them space to say goodbye to their own, accompanies them with her potter's hands, healer of unfinished love. She questions if it is necessary to exile one's self from their land, from love. She permanently exiles herself with her poetry. She asks if one's own shadow is secure enough to live inside it. "No, I have not yet decided where to stay, where to wake up next to my shadow."

Her poems are also responses to those very questions.

At a time when it is so necessary to dismantle the narrative of violence for the sake of being violent in order to move forward in continuing to build the region that we are, this book refers to the path of kindness and affection; it calls to deal with negligence like a public health problem that should be tended to by the Central American governments, all of them.

Additionally, it warns of the struggle that is behind the stories it tells. For example, it urges us to recuperate the subversive and strategic attitudes of those who part from tenderness as an instrument. According to Amarela Varela ("Buscando una vida vivible: la migración forzada de niños de Centroamérica como práctica de fuga de la muerte en vida". El Cotidiano N 194. 2015), they are necessary strategies that the migrant people establish against the global regime of the borders. They are compromised, they are split in two.

Exiled is, of the texts about migration in Central America that I have read, the one that most clearly reveals to me the warm manner of those who map out their plans in search of a dream. It makes me proud of a kind of poetry that is conscious of the space it holds in our diverse realities. It allows me to convincingly say that we have so much to give

por una poesía que está consciente del lugar que ocupa en nuestras realidades diversas. Me permite decir con contundencia que tenemos tanto que darle a nuestros países desde nuestro asombro y voz.

Gracias mi querida Chary Gumeta por habernos abierto los ojos, una vez más.

Guillermo Acuña González,
Heredia, Costa Rica, 31 de octubre de 2017

to our countries – gifts that come from our astonishment and voice.

Thank you, my dear Chary Gumeta, for having opened our eyes once more.

Guillermo Acuña González,
Heredia, Costa Rica, October 31, 2017

Escribir es hacer un manojo de voces, un racimo de lágrimas: Despatriados, de Chary Gumeta.

Chary Gumeta tiene todas las patrias, y su camino, el camino de su voz, es todos los caminos que el sufrimiento ha visitado. Por eso este libro suyo no es solamente un libro de poemas, sino un manojo de voces, un racimo de lágrimas que alumbran el desierto de los despatriados.

La voz de la poeta busca siempre hablar desde la herida: su voz nace de las grietas, de lo curtido de los pies de los migrantes que se suben a la bestia, que cruzan el desierto, que dejan su existencia en un lugar desconocido esperando llegar a una oportunidad que tal vez nunca aparezca.

Los textos de este libro son, más que poemas, el testimonio de los olvidados. Chary Gumeta pertenece a una rara especie de personas a quienes el dolor ajeno les afecta en la propia piel, y los impulsa a escribir: de esa preocupación genuina por sus—por nuestros—hermanos centroamericanos nace este libro que, tal vez, tiene como lector ideal a los indocumentados mismos. De esa preocupación nace el activismo y la vocación de promotora cultural de la autora, que no entiende frontera entre literatura y vida.

Este es un libro guatemalteco, salvadoreño, nicaragüense, hondureño, mexicano, y en general un libro de las des-patrias: de los sitios que dejamos y que viajan con nosotros al partir. Tal es, creo, la mayor importancia de esta obra: servir de testimonio humano sin especificar la nacionalidad. El dolor, la humillación y los sueños de los humillados, son las materias primas de cada uno de los textos que aquí se reúnen.

Testimonio, crónica, narración de los conflictos existenciales y humanos del viaje, la poesía de este libro busca relatar la historia de todos: el migrante joven, el viejo, la mujer, el homosexual, la prostituta, el padre, la madre,

To write is to make a bundle of voices, a cluster of tears: Exiled, by Chary Gumeta

Chary Gumeta has every motherland in her, and her path, the path of her voice, is all of the paths that suffering has visited. Because of this, this book is not solely a book of poems; it is a bundle of voices, a cluster of tears that lights up the desert of the exiled.

The poet's voice continuously strives to speak from the wound: her voice is born from the cracks, from the stains on the feet of the migrants who mount the beast, who cross the desert, who leave their existence in an unknown place waiting to arrive at an opportunity that may never appear.

The texts of this book are more than poems; they are the testimonies of the forgotten. Chary Gumeta belongs to a rare species of people who feel the pain of others in their own skin and are compelled to write about it, and from that genuine preoccupation of her—of our—Central American brothers and sisters comes this book that, perhaps, has as its readers those same undocumented migrants. From that preoccupation, the activism and vocation as cultural promoter of the author is born—an author who does not see a border between literature and life.

This book is Guatemalan, Salvadorian, Nicaraguan, Honduran, Mexican, and generally a book of the ex-motherlands: of the places that we left and that travel with us as we go. This is, I believe, the most important part of this work: to serve as a human testimony without specifying a nationality. Pain, humiliation, and the dreams of the humiliated, are the raw materials of each of the texts gathered here.

Testimony, chronicle, narration of the existential conflicts and humans of the journey, the poetry of this book looks to relate the story of everyone: the young migrant, the old man, the woman, the homosexual, the prostitute, the father, the mother, those who long to return and those who

los que añoran volver y los que esperan nunca regresar, los que han muerto en el camino, los que sobrevivieron... Chary a veces escribe desde esas voces y a veces las cita, dejando que los personajes aparezcan frente al lector, dejándolos existir.

Creo que éste no es un libro de Chary Gumeta, sino un libro escrito por los centroamericanos, con su voz. Más que poemas, lo he dicho antes, tenemos aquí un racimo de lágrimas, un atado de grietas. El mayor valor de este libro son los testimonios que inventa o recuerda: su relevancia es social, y estoy seguro de que encontrará a sus lectores y serán los entendidos, los que han sufrido en carne viva y en la carne de quien aman.

No puede ser casual que este libro haya sido publicado en Guatemala, que es una de las patrias de Chary Gumeta: la poesía siempre busca el camino que le corresponde.

Cada una de estas historias necesitaba ser contada. Cada una de estas personas merece superar el olvido. Eso es lo que me deja este libro: un nutrido conjunto de heridas que pueden cantar, que pueden hablar y que deciden contar su historia.

Tenemos que escucharlas.

Manuel Iris

hope to never return, those who have died along the way, those who survived... Chary sometimes writes through those voices and sometimes quotes them, allowing the characters to appear before the reader, giving them space to exist.

I think that this is not Chary Gumeta's book, rather a book written by Central Americans, with their voices. More than poems, as I mentioned earlier, what we have here is a cluster of tears, a collection of cracks. The major value of this book is the testimonies that she creates or remembers: their relevance is social, and I am certain that it will find its readers and they will be the experts, the ones who have suffered in the flesh and in the flesh of those they love.

It cannot be a coincidence that this book was first published in Guatemala, which is one of Chary Gumeta's motherlands: poetry always finds the path that belongs to it.

Every one of these stories needed to be told. Every one of these people deserves to rise out of oblivion. That is what this book leaves me: a nourished set of wounds that can sing, speak, and decide to tell their stories.

We must listen.

Manuel Iris

VOY AL NORTE CON EL VIENTO SOBRE EL ROSTRO

GOING NORTH WITH THE WIND
ON MY FACE

01.

Primero,
duele la luz que salpica a los sentidos
de los días prestados por la muerte;
luego,
la garganta que aprieta la voz de la distancia.

Algo que tengo
se va de las manos y no sé qué es,
fugitivo de mi cuerpo
vierto mis pensamientos en el vacío,
la incertidumbre me apresa como una despedida.

El día transita
y van perdiendo su brillo las horas,
la soledad se presenta en esta región distante
¡Qué añoranza!
¡Qué tristeza!
¡Qué lejos estoy!

La noche llega en silencio
me desvanezco en un sueño suave, frágil,
no veo más esa luz roja del ocaso
en que se esconde mi rostro
y oculto el llanto.

01.

First,
painful is the light splattered on the emotions
of the days borrowed from death;
then,
the throat that squeezes the voice in the distance.

Something of mine
leaves my hands and I don't know what it is,
fugitive of my body
I spill my thoughts into the void,
the uncertainty captures me like a farewell.

The day goes on
and the hours begin to lose their luster,
loneliness arises in this distant land
What longing!
What sadness!
I am so far!

The night comes in silence
I fade into a soft, fragile sleep
No longer do I see the red light of the sunset
in which my face hides
and I conceal my tears.

02. **Ilegal**

Antes de cruzar la frontera
antes de poner un pie en ese territorio de tinieblas
te daré un beso como muestra de amor
y te diré cómo aprendí a amarte
bajo las sombras de los árboles
en nuestro lejano Quezaltepeque.

Una vez que nos pegue el viento extranjero
dejaremos que nos devore el humo y el ruido
de ese animal maldito,
y si todavía estamos juntos
cerraremos los ojos
y haremos de cuenta
que estamos soñando.

02. **Illegal**

Before crossing the border
before stepping into that hazy land
I'll kiss you as proof of my love
and tell you how I learned to love you
under the shadows of the trees
in our distant Quezaltepeque.

Once the strange wind hits us
we'll let ourselves be devoured by the smoke and noise
of that damned animal,
and if we're still together
we'll close our eyes
and pretend
that we're dreaming.

03.

Dormitada,
con los ojos semiabiertos,
veo la tenebrosidad reflejada en rápido zigzagueo
de la serpiente,
su sonar estrepitoso e incesante
arrulla a mis oídos.

Unos ángeles alzan sus trompetas
y tocan al unísono.

Tú me abrazas
con el afán de que permanezca despierta.

Nuevamente el cansancio nubla mis ojos
sueño con otra oportunidad
y un lugar de verdes pastos.

Ya no siento tus brazos.

El amor, se quedó derramado entre las vías.

03.

Asleep,
with half-open eyes,
I see the darkness reflected in the quick slithering
of the snake,
its deafening and incessant sound
whispers in my ears.

Angels raise their trumpets
and play in unison.

You hold me
hoping that I'll stay awake.

Once again, the lethargy clouds my eyes
I dream of another opportunity
And green pastures.

I don't feel your arms anymore.

Love was spilled between the tracks.

04.

Perderé todo lo que poseo
en este viaje infernal
pero nunca el recuerdo de tu boca,
mancillarán mi cuerpo
con sus manos sucias
en mi afán por llegar al cielo de neón,
pero nunca borraran tus caricias.

En mí no germinará
ninguna semilla,
el veneno bajo mi piel
no permitirá que florezca.

Voy montada sobre mis pensamientos
en un camino incierto
aferrada al tictac del recuerdo.

Te esperaré en ese lugar
donde cae el sol sobre la arena
y su calor calcinante
mantiene al amor ardiendo entre las manos.

Cae la nieve, aquí, ya es invierno.

04.

I will lose everything I own
on this infernal journey
but never the memory of your lips,
they'll tarnish my body
with their dirty hands
on my way to the neon sky,
but they'll never erase your caresses.

No seed will grow
inside of me,
the poison under my skin
will not allow it to bloom.

I ride my thoughts
on an uncertain path
attached to the beat of my memories.

I will wait for you in that place
where the sun falls onto the sand
and its scorching heat
keeps love burning in its hands.

Snow falls, it's already winter here.

05.

Llevo tu nombre tatuado en el brazo
del que me sostengo en esta travesía.

Atrás quedaron aquellos días
en que juntos decidíamos la vida.

Comíamos comida americana
en Mcdonald's
Burger King
y Kentucky Fried Chicken
para acostumbrarnos
en ese futuro que vislumbrábamos juntos.

Pasamos horas imaginando
qué compraríamos con los primeros dólares;
todo se quedó atrás,
la ropa de segunda mano que compré
en la "paca"
pensando que ya no la necesitaré
porque allá todo será nuevo,
hasta mis pensamientos.

…elegí viajar sin vos
y sin tu cariño
porque vos sos lo bueno.

Solo me acompaña la muerte.

05.

I wear your name tattooed on the arm
that sustains me during this voyage.

Left behind are the days
when we would plan our life together.

We'd eat American food
at McDonald's
Burger King
and Kentucky Fried Chicken
to get used to the future that
together, we imagined.

We'd spend hours thinking about
what we'd buy with our first dollars;
everything was left behind,
the secondhand clothes I bought
thinking that I wouldn't need it
because everything would be new there,
even my thoughts.

...I chose to leave without you
without your love
because you are everything good.

Only death walks with me.

06. **La bestia**

Cuando alguien cae
una estrella se apaga en la Vía Láctea;

La mía todavía está intacta
y su luz me permite estar despierto.

Cuando se apague
mi cuerpo se convertirá
en alguien desconocido
porque no habrá quien me reconozca.

Tal vez mi ADN sobreviva
y mamá pueda llevarme a casa.

La Bestia sigue deslizándose.

06. **The Beast**

When a person dies
a star falls in the Milky Way;

Mine is still burning
its light allows me to be awake.

When it burns out
my body will become
a stranger,
nobody will recognize me.

Maybe my DNA will survive
and mama will be able to take me home.

The Beast keeps slithering.

07.

Sobre la colina
se ciñe su sinuoso camino
con una luz al frente
es el faro que todos seguimos;
su silbato es el sonido
que hasta hoy me conserva la vida.

Recordaré este viaje
soportando el viento sobre el rostro,
con un olor diferente
al que se respira en Centroamérica.

Allá nadie imagina
lo cerca que están los rieles del infierno;
todos nos miramos en silencio
mientras el rugido apaga las palabras.

07.

On the hill
its winding path
clings to a light
it is the lighthouse that we all follow;
its whistle is the sound
that preserves my life to this day.

I will remember this journey
bearing the wind on my face,
with a different scent
than the one we breathe in Central America.

No one there imagines
how close the rails of hell are;
we look at each other in silence
as the rumble shuts out our words.

08.

Sí, te amo
pero mi vida aquí está muerta
tengo que revivir en otro lado.

08.

Yes, I love you
but my life here is dead
I have to relive somewhere else.

09.

Cae la luz sobre el fierro oscuro,
se enreda en las ramas a su paso;
ella se agacha y las evita
se aferra al brazo de su hombre,
un error puede ser mortal.

Con ojos muy abiertos
quiere aprenderse de memoria el camino.

Recuerda otros viajes
como cuando navegó por el rio Ulúa
y sintió que había recorrido el mundo
sin salir de su natal Honduras.

Agarrada a aquel brazo fuerte
sólo piensa que es por ahora su único salvavidas
y sus ojos siguen sobre el horizonte.

09.

The light falls onto the dark blade,
it tangles itself within the branches in its path;
she bends and evades them
she grabs onto her man's arm,
any mistake could be fatal.

With wide open eyes
she tries to memorize the way.

She remembers other trips
like when she crossed the Ulúa river
and felt that she had traveled the world
without leaving her native Honduras.

Latched onto that strong arm
she believes that, for now, it is her only lifejacket
and her eyes remain on the horizon.

10.

Hay un miedo
en el que buceo por instinto.

Se derrama la angustia
por lo desconocido
y el desgaste de mi piel se da con sudores profundos.

Vamos trepados
sobre la armadura de hierro
ensimismados
tristes
callados;
la noche nos devora
nos duele
nos recuerda
nos mata.

Somos seres atrapados en flagrancia
tratando de robar una ilusión
que maduro en nuestra imaginación.

Sólo es un deseo que se hace realidad
con el primer rayo de sol;
sentados esperamos a que suceda.

El cansancio asesina la esperanza.

10.

There is a fear
into which I dive instinctively.

Anxiety of the unknown
overwhelms me
and the exhaustion of my skin yields profuse sweats.

We are climbing
on the iron armor
dazed
desolate
silent;
the night devours us
hurts us
reminds us
kills us.

We are beings trapped in flagrance
trying to steal an illusion
that ripened in our imaginations.

A wish comes true
with the first ray of sunlight;
seated, we wait for it to happen.

Exhaustion murders hope.

11.

Para sobrevivir en este trayecto
donde un punto claro
anuncia la madrugada,
solo se necesita pensar
en lo peor que te ha pasado en la vida.

11.

To survive this journey
where a bright spot
announces the dawn,
you only have to think about
the worst thing that has ever happened in your life.

12. **Hay distancia**

Hay distancias
donde el mar resuena como un instrumento
como un eco hosco y seco
que repite lo mismo una eternidad;
hay ríos lentos y mansos
donde la corriente acaricia a los peces
y arrastra su necesidad;
hay lugares donde los sueños
van en un viaje largo y triste
sin equipaje
intentando tomar la mano del mundo
y no morir entre las fauces
de esa serpiente adicta a la muerte.

¿Quién pone en la mirada un futuro incierto?

Alguien respira cal sobre mi hombro
y no me doy cuenta
hasta que lo veo caer a la fosa común.

A veces guardo el miedo
bajo un sollozo silencioso
donde el oleaje del recuerdo
hace tumbos y me tiro a nadar.

Entonces me pregunto
si es necesario desterrarse de la sangre
de la carne

12. **There Is Distance**

There are places
where the sea rings like an instrument
like a sullen, dry echo
that repeats itself for an eternity;
there are slow and gentle rivers
where the current caresses the fish
and drags its necessities;
there are places where dreams
go on a long and sad journey
without luggage
trying to take the world by its hand
and not die between the fangs
of the serpent addicted to death.

Who decides to face an uncertain future?

Someone's breath smells of lime on my shoulder
and I do not notice
until I see him fall into the communal grave.

Sometimes I hide my fear
under silent sobs
where the waves of my memory
tumble and I swim inside them.

So I ask myself
if it's necessary to dispose of my blood
my flesh

de la casa
de la vida
para caminar a tientas
en esa profundidad donde no te encuentras.

Te llamo
con la esperanza de que asome tu rostro
y me hablen tus ojos.

Las palabras
también están a bordo de esta locura.

my house
my life
to fumble in the darkness
of this abyss where I cannot find myself.

I call to you
hoping that you'll show me your face
and speak to me with your eyes.

The words
are also bound to this madness.

13.

La necesidad
se transporta en cuerpos
listos para ocupar un ataúd.

Mi alerta natural
espanta a la ansiedad desde mi realidad
con mentadas frías y feas
que se mueren entre dientes;
confío mi suerte a un extraño
enganchado a este vagón
que se mueve salvajemente
pero me deja cabalgar sobre su lomo.

13.

Necessity
is carried in bodies
ready to lie in a casket.

My natural vigilance
frightens the anxiety from my reality
with cold and ugly insults
that die between my teeth;
I entrust my luck to a stranger
that hangs off this car
that moves wildly,
but lets me ride on its back.

14. **Desierto**

El viento se duele
y lo sienten las golondrinas en su vuelo
callaran algún día
y mis oídos no las escucharan más
cerraré los ojos
y seguiré viendo su planear errático
como el latido de un corazón moribundo.

Tomaré la mano de la muerte
y angustiado
te mirare presente
como cuando jugábamos
en la orilla del Río Lempa
escapando de sus garras.

Al cruzar el puente de la oscuridad
tu voz y tu sonrisa se apagaran lentamente
y yo me quedaré en este lejano desierto
olvidado para siempre.

14. **Desert**

The wind aches
and the swallows feel it in their flight
they will keep quiet one day
and my ears won't listen to them anymore
I will close my eyes
and keep seeing their erratic glides
like the beating of a dying heart.

I'll take death's hand
and with anguish
I'll look at you
like when we played
on the edge of the Lempa River
dodging its clutches.

As we cross the bridge of darkness
your voice and your smile slowly disappear
and I'll stay in this distant desert
forgotten forever.

15. Es otoño

Es otoño,
de mi cuerpo caen hojas
y de mis ojos lluvia.

Yo amo en mis ojos
esa imagen tuya que se perfila en el horizonte,
te miro con hambre
con mendicidad
con la esperanza
que sólo tenemos los pobres de conservar algo nuestro.

Mientras me alejo,
me voy más sin nadie
junto a mi soledad
tiritando de frío el alma
y recogiendo el silencio.

Voy al norte con el viento en las manos
meciéndolo como un niño en su cuna
que no quiere dormir por la ausencia de mamá;
esta noche lo acurrucaré
junto al cansancio de las horas
y dormiremos juntos
cubiertos por las sombras.

15. **It Is Autumn**

It is autumn,
leaves fall off my body
and rain falls out of my eyes.

In my eyes
I love your image outlined on the horizon,
I look at you hungrily
imploringly
with the hope
that we only have the poor to preserve our things.

As I move away,
I leave more without anyone
next to my loneliness
my soul shivering from the cold
and gathering silence.

I'm going north with the wind in my hands
rocking it like a baby in its crib
who refuses to sleep because mama isn't there;
tonight I'll cuddle it
next to the weariness of the hours
and together we'll sleep
covered by the shade

16.

Aquí,
a la orilla del camino
todo pasa muy rápido
hasta los nombres de las personas amadas.

16.

Here,
on the edge of the path
everything passes by quickly
even the names of people who are loved.

17. **Desterrados**

Tomar un rumbo
y deshacernos de la tierra
es un dolor que solo conocemos nosotros
los desterrados
los que no tenemos patria
morimos lentamente
en partes
ignorados
sin la presencia de nuestras raíces
lejos
sin el cobijo de las ramas
de nuestros árboles.

17. **Exiled**

To set on course
and separate ourselves from our land
is a pain that only we know
the exiled
the ones without a country
we die slowly
in pieces
ignored
without our roots
far away
without the shelter of the branches
on our trees.

18.

"Andáte
cada vez que venís
viene contigo la mala suerte
tu amor esta maldito
ya no me querás
no me busqués
dejá que el destino te lleve sin rumbo
le vas a agarra cariño como a mí
solo andáte
hacete nada
desaparecé
donde no sepa de vos
aunque cada día muera por dentro"

…y toma el camino de las vías.

18.

"Go
every time you come
bad luck comes with you
your love is damned
do not love me
do not look for me
let destiny take you aimlessly
you go to grab love like me
just go
become nothing
disappear
to where I won't know anything about you
even if every day, I die a little inside"

...and walk along the tracks.

19. **Soy un pobre pájaro**

La tristeza penetra mi corazón
como un animal oscuro y hambriento
destroza cada imagen
con mordidas salvajes.

El sable del dolor escarcha la mirada
con un gemido sutil
que descubre la herida

Este aventurado éxodo
hiere cada rincón de mí
con cada figura que va esculpiendo el olvido
sobre el humo de sus chimeneas.

Memorizo sobre las sombras
el rostro amado
con reproches sobrecogidos
de la profunda lejanía.

Aquí estoy sentado sobre la noche
cabalgando sobre un sueño
que jala las riendas de la añoranza y la nostalgia

Beber de los recuerdos
es un trago amargo.

Lejos,
sin tus besos

19. I Am a Poor Bird

Sadness pierces my heart
like a dark and hungry animal
it destroys every image
with vicious bites.

The saber of pain crystallizes the gaze
with a subtle groan
that discovers the wound.

This adventurous exodus
hurts every inch of me
with each figure that forgives abandonment
over the smoke of their chimneys.

I memorize over the shadows
the beloved face
with overwhelming criticisms
of the abysmal distance.

Here I am sitting on the night
riding on a dream
that pulls the reins of longing and nostalgia.

Taking a drink out of our memories
is bitter.

Far away,
without your kisses

soy un pobre pájaro
al que se le han secado las plumas
y se le han caído las alas.

Cierro mis labios
y guardo el sabor para siempre;
en el último reflejo de la tarde
ya no me oyes
ya no me hablas

En mis ojos se quema tu mirada.

I am a poor bird
whose feathers have dried up
and whose wings have fallen.

I close my lips
and hold onto this taste forever;
in the final gleam of the afternoon
you've stopped listening to me
you've stopped speaking to me

Your gaze burns in my eyes.

20.

Vestirse de pájaro
e iniciar un vuelo hacia ningún lado
es traspasar la opacidad en un vuelo invisible
sin ser atrapados por los rebullones del mal agüero.

No me puedo mover
sin contemplar por última vez el lugar
donde el cordón umbilical
se enredó al silencio y a lo imposible
en esta angustia.

Me pierdo en lo profundo del bosque
donde me han contado
que no se envejece ni se muere de hambre;
es la oportunidad de seguir persiguiendo el deseo.

20.

To dress like a bird
and take flight toward nowhere
is to cut through the darkness on an invisible flight
without being caught by the bearers of bad news.

I can't move
without contemplating one last time
the place where the umbilical cord
tangled itself into the silence and the impossible
amid this anguish.

I get lost in the depths of this forest
where I've been told
that one does not age or die of hunger;
it is the perfect opportunity to continue to pursue my dream.

21.

Para mis hermanos
De El Salvador, C.A.

"Vamos en el tren
atravesando la tierra de un país que no conozco
somos un cachimbo de indocumentados;
una mujer con un cipote en el vientre
un joven achorcholado con cicatrices en el alma
un compa con mirada lejana
y un bereco que dormita
a punto de esparcirse por la tierra.

Una mengana con los pelos sueltos
recibe la caricia del viento,
su rostro es rodeado por el aire
y su cuerpo abrazado por el sol.

La mujer preñada respira un beso de ángel
el joven de las cicatrices se ha curado con la lluvia
y el manudo que dormita ha despertado a su realidad.

Estamo atento
yo me siento como trapo en tendedero
y los demás como extraños
lejos del cantón.

El ferrocarril avanza
ya todos somos extranjeros."

21.

To my brothers
From El Salvador, C.A.

"We ride the train
across the land of a country I don't know
we are a heap of undocumented people;
a woman with a child in her womb
a listless young man with scars in his soul
a friend staring into the distance
and a silly man sleeping
about to spread himself onto the world.

A what's-her-name with her hair down
receives the caresses of the wind,
her face is surrounded by the air
and her body embraced by the sun.

The pregnant woman breathes an angel's kiss
the scarred boy has been healed by the rain
and the sleeping man has awoken to his reality.

We are alert
I feel like a rag on the clothesline
and the others feel like strangers
far from their homes.

The train continues
we are all strangers now."

22. **Parto como las palabras**

Parto como las palabras
que no se dicen por no herir
silenciadas por el pensamiento.

Los recuerdos como mar que golpean el estero
se debaten entre olas
y yo, en este lugar, parado sobre mí mismo
cavilo tus quejas, tu pobreza, tu enfermedad.

Sé que allá hay un mundo
turbulento y salvaje
donde sobrevivir tal vez sea una mentira
o un ave que vuela al azar.

22. **I Break Like the Words**

I break like the words
that are not said to avoid pain
silenced by thought.

Memories like the sea that strike the estuary
are pondered between waves
and I, in this place, standing on myself
contemplate your grievances, your poverty, your sickness.

I know that out there
is a turbulent and feral world
where survival could possibly be a lie
or a bird that flies at random.

23. **Indocumentado**

Para morir en algún olvido
emigro de tu mirar
hacia el país de las "oportunidades".

En mi corazón anidan rostros
que escapan de morir en el abandono
destrozados por el viento
disfrazado de esperanza.

Me voy de mojado
huyendo de mí y del desaliento,
huyendo de lo que fui y ya no soy.

Tengo una cabeza que ya no es la mía
soy una palabra que yo invente
y ya no puedo pronunciarla;
tengo a los sueños vivos en mi almohada,
me persiguen las recriminaciones
como patrulla fronteriza
por el río de la desesperanza.

Mi amor tiene pequeñas llamas
ensilladas en cada día de tortura;
aguanto la noche,
el frío quemante
y la humillación bajo la lluvia;
mis cansados ojos
miran a la soledad que se mira a sí misma.

23. **Undocumented**

To die in oblivion
I emigrate from you
toward the country of "opportunities."

In my heart there is a nest of faces
that escape lonely deaths
destroyed by the wind
disguised as hope.

I leave, wet
running away from myself and from disappointment
running away from what I was and am no longer.

I have a head that is no longer mine
I am a word that I invented
and can no longer pronounce;
my dreams are alive on my pillow,
the accusations follow me
like border patrol officers
by the river of desperation.

My love has little flames
saddled on every tortuous day;
I bear the night,
the burning cold
and the humiliation under the rain;
my tired eyes
look at the loneliness that looks at itself.

Duermo,
con la imagen de verte bailando a mi lado
con la música del tiempo;
el sueño se torna pesadilla
cuando te miro en ese lugar
donde los ladridos de los perros
se unieron a las sombras
y me obligaron a huir
por el pantano.

Pero mi amor, pero mi angustia,
pero yo hombre de polvo
volveré a tomar tu mano
olvidando las dolencias
y la sangre de tus heridas.

Mi amor no era un lujo
ni un cómodo edificio con jardines
era un amor profundo que caminaba a tu ritmo
con gotas constantes de aguacero
a veces ácida, a veces dulce;
me conduje con firmeza,
con seriedad,
llorando con quien se debe
siendo feliz con quien se quiere.

No me arrepiento
de esta decisión equívoca
en que uno se destierra,
las ramas de mi amor

I sleep,
with the image of you dancing next to me
with the music of the times;
the dream becomes a nightmare
when I see you there
where the barking of the dogs
joined the shadows
and forced me to run away
through the swamp.

But my love, but my anguish,
but I, man of dust
will take your hand once more
forgetting the agony
and the blood of your wounds.

My love was not a luxury
nor was it a comfortable flowery building
it was a deep love that walked to your rhythm
with constant raindrops
sometimes acidic, sometimes sweet;
I behaved firmly,
seriously,
crying with whom I should
being happy with whom I love.

I do not regret
this vague decision
in which one is banished,
the branches of my love

han sido cortadas de mi árbol;
ahora,
mi alma convalece
de la tristeza provocada
por el estallido de sal en mis pupilas.

Soy una hoguera
en este trayecto inseguro
donde vivir o morir no tiene otra causa
que sobrellevarse a uno mismo.

have been cut from my tree;
now,
my soul heals
from the sadness provoked
by the salt in my pupils.

I am a bonfire
in this uncertain journey
where to live or die has no other cause
but to endure oneself.

24.

Me desplazo a la velocidad de mis pensamientos
agarrada a la angustia y a la nostalgia.

Veo como se seca el tiempo con el sol de los días
y mi mente se extravía con lo que mira a su paso.

Tomo papel y lápiz
me pongo a escribir estos delirios.

Es lo mejor en este confinamiento.

24.

I displace myself at the speed of my thoughts
hanging onto suffering and nostalgia.

I see how time dries with the sunlight of the days
and my mind is distracted by what passes in front of it.

I take paper and a pencil
and write about my delirium.

It's the best thing to do in this confinement.

25.

Antes de partir
tomaré tu mano
la llenaré de besos
y caminaremos al encuentro de mamá
para decirle lo mucho que te amo.

Antes de que inicie este exilio
nos miraremos fijamente
y no diremos más
solo nos abrazaremos fuertemente
con la esperanza de que al separarnos
hagamos de cuenta que nunca sucedió.

Lo último que veo por la ventana del bus
son tus lágrimas.

25.

Before I leave
I'll take your hand
and fill it with kisses
and we'll walk to meet mama
to tell her how much I love you.

Before I begin this exile
we'll look at each other firmly
and say nothing more
only hold each other
in hopes that once we separate
we'll act like it never happened.

The last thing I see through the window of the bus
are your tears.

26. **Reconozco que no nací**

Reconozco que no nací
para ser una sedentaria
no se echar raíces
porque tengo el sudor del mundo
en la piel y en los pies.

Tengo miedo de convertirme en fantasma
y deambular por los ríos de mi pueblo.
ser parte de una lista con nombre de desaparecida.

No quiero ser una mujer desangrada
por la mano de la miseria
y de la maldad de mi país.

Debo quemar la ropa vieja
y seguir este sendero
donde matar el tiempo te convierte en asesino
y lo contrario en sobreviviente.

Andar descalza es andar desnuda
y yo quiero caminar con zapatillas

26. I Recognize That I Was Not Born

I recognize that I was not born
to be still
I cannot take root
because I have the sweat of the world
on my skin and on my feet.

I'm afraid of becoming a ghost
and wander along the rivers of my village.
to be part of a list of people who have disappeared.

I do not want to be a woman torn apart
by the hand of misery
and the evil of my country.

I should burn my old clothes
and continue on this path
where killing time makes you a murderer
and the opposite makes you a survivor.

To walk barefoot is to walk naked
and I want to walk with my slippers on.

27.

Nadie me espera
ni yo misma;
no tengo nada
solo este viaje
que me retorna a cuando fui pájaro
un pájaro que cantaba una canción extraña.

Son reminiscencias
cenizas de un alma desahuciada
con la herida abierta
de una niñez que se perdió entre la inmundicia.

Miro las primeras luces de la madrugada
y suspiro por ese futuro
indescifrable y desconocido que me espera.

Cierro los ojos
y al abrirlos
me doy cuenta que ya no soy la misma.

27.

Nobody waits for me
not even I do;
I have nothing
only this journey
that brings me back to when I was a bird
a bird that sang a strange song.

They are reminiscences
the ashes of a hopeless soul
with an open wound
from a childhood that was lost in filth.

I watch the first lights of dawn
and yearn for that indecipherable and unknown future
that awaits me.

I close my eyes
and when I open them
I realize that I am no longer the same.

28. **Frontera de las ensoñaciones**

Amanece,
la realidad mutila al sueño
de los que duermen,
el sol abraza los cuerpos
y el día empieza a rondar sus vidas.

Como bultos sobre los furgones
van ensimismados;
cada uno despierta del letargo,
sus pupilas se prenden con la claridad
de la luz emergente.

El tren no se detiene,
va destilando su propio camino,
borra su rastro sin ninguna otra meta
que llegar a su destino.

"Soy el indocumentado
que cruza la frontera de las ensoñaciones".

28. **Border of Daydreams**

It is morning,
reality mutilates the dreams
of those who sleep,
the sun embraces their bodies
and the day begins to patrol their lives.

Like luggage in a boxcar
they are immersed;
each one awakens from their lethargy,
their pupils brighten with the clearness
of the emerging light.

The train does not stop,
it exudes its own path,
erasing its trail with no other goal
than to reach its destination.

*"I am the undocumented
that crosses the border of daydreams".*

29.

No puedo abrir los ojos,
el cansancio se refleja en mi cuerpo
y en cada uno de mis movimientos.

Me siento tan agotada que no puedo hablar,
no tengo aliento para pedir que enciendan las luces
y espanten a la muerte;
estoy junto a futuros cadáveres en plena oscuridad.

Si sueltas la mano de tu ángel de la guarda,
caes en una profundidad interminable;
el sueño americano vuela en mil pedazos.

29.

I cannot open my eyes,
exhaustion is seen on my body
and in each of my movements.

I am so tired that I cannot speak,
I do not have the breath to ask them to turn on the lights
and frighten death;
I am standing next to future corpses in plain darkness.

If you let go of your guardian angel's hand,
you'll fall into an endless abyss;
the American dream flies in a thousand pieces.

30.

Dejo que la humedad invada mi rostro,
que el sol acaricie mi cabello
y que la depresión se instale en el portal de mi mente.

¿Quién pone en su boca
 palabras que no pueda pronunciar?

Me quedo en silencio y sufro,
sufro por las reminiscencias impresas en la retina
y el llanto detenido en la orilla de la desolación.

La respiración se agita,
oprimo con fuerza junto a mi pecho tu retrato
mientras, el silbar de La Bestia asusta a las imágenes
que se desvanecen como el humo;
quedo deshabitada en ese instante,
mi suerte está en manos del destino
y tu presencia en el del olvido.

No,
aún te amo, vuelvo a mirar tu fotografía.

30.

I let the humidity invade my face
let the sun caress my hair
and let depression install itself in the portal of my mind.

Who puts in their mouth
words they cannot pronounce?

I remain silent and I suffer,
I suffer for the memories imprinted in my retina
and the cry suppressed on the edge of desolation.

My breathing is shaken,
I hold a photo of you tightly to my chest
while the hissing of The Beast disturbs the images
that fade like smoke;
I am empty in this moment,
my fate is in destiny's hand
and you are in nothingness.

No,
I still love you, I look at your photograph once more.

31.

Lloro sobre el regazo de la añoranza
abatido por el destierro y la compañía de la mala sombra.

No tengo razón sobre este camino de locura,
me crucifica una y otra vez
me arrincona hacia la vacilación
y al arrepentimiento.

En mi corazón,
los latidos golpean desesperados por la orfandad
y los aullidos de la noche me sacan del ensimismamiento.

La separación,
es la navaja que corta mi tranquilidad y mi sosiego;
las lágrimas no terminan de lavar mis pecados
ni mi amor que se quedó a tu lado.

31.

I cry on nostalgia's lap
dejected by the banishment and company of the evil shadow.

I have no reason to be on this path of madness
it crucifies me time and time again
it corners me into hesitation
and regret.

In my heart,
the beats desperately pang for solitude
and the howling of the night separates me from my ego.

Separation,
is the razor that slices my tranquility and peace;
my tears will not stop washing away my sins
nor my love that remained by your side.

32.

Sobre mi cabeza pasan las bandadas de aves,
quedo viendo su emigrar,
en algo nos parecemos;
me gustaría ser el custodio de sus alas
tomar sus plumas
y volar junto a ellas.

Así,
evitaría todas las desgracias de esta travesía.

32.

Flocks of birds fly over my head,
I watch their migration,
it seems we have something in common;
I'd like to be the guardian of their wings
take their feathers
and fly with them.

That way,
I would avoid the tragedy of this voyage.

33. La memoria es una avenida

La memoria es una avenida
donde los artesanos de la mente tejen recuerdos
y levantan monumentos en agradecimientos.

Allí, se esconde un océano doloroso
que se manifiesta con lentas oleadas de sal;
arranca vestigios amorosos de un cielo azul
plagados de gaviotas,
donde se quedaron las huellas
de una niñez truncada por la necesidad y la miseria.

Estoy aletargada sobre este convoy
atestado de ilusiones y desgracias,
continúa su tránsito ruidoso y brutal
que no deja pronunciar palabras
ni respirar este aire encendido
por desesperados y sonrientes.

Encima de esta extensión férrea,
la distancia es de lamentos,
de pieles expuestas al sol
y de miradas perdidas.

Me recuesto sobre los brazos de lo incierto
y no espero amabilidades en este páramo de afectos;
estamos vivos, y eso, ya es un triunfo.

33. **Memory Is an Avenue**

Memory is an avenue
where the artisans of the mind weave remembrances
and build monuments in gratitude.

There, hides a painful ocean
that manifests itself in slow salty waves;
it rips off loving traces of the blue sky
riddled with seagulls,
where the footprints of a childhood
shortened by necessity and misery were left.

I'm dozing off on this train
packed with illusions and disgrace,
it continues its loud and brutal course
and doesn't allow us to speak
or breathe this air that burns
with the desperate and smiling.

Atop this railway extension,
the distance is of lament,
of skin exposed to the sun
and of lost glances.

I lie on the arms of uncertainty
and I do not wait for kindness in this moor of affections;
we are alive, and that, is already a victory.

El camino que nos devora no es de estrellas,
es de sacrificios, de miedo, de alerta tenebrosa.

La desnudez del día
es la única que se queda junto a nosotros
en este recorrido que también se cansa
de soportarnos tristes y meditabundos.

Solo el cielo se compadece
con su techo de nubes
y una que otra figura caprichosa.

Nos abandonamos a la luz de la luna
y nos desconectamos de la realidad.

The path that devours us is not filled with stars,
it is full of sacrifice, of fear, of threatening vigilance.

The nakedness of the day
is the only thing that stays with us
throughout this journey that also gets tired
of holding us, sad and anxious.

Only the sky sympathizes
with its cloudy ceiling
and other capricious figures.

We abandon ourselves to the light of the moon
and disconnect from reality.

34. Frontera

Sin voltear atrás
nos damos cuenta que nuestro mundo quedo en el exilio;
fijo la mirada sobre el paso tormentoso de La Bestia
y veo como la emoción y la congoja
va carcomiendo las entrañas de cada uno de nosotros.
somos ingenuos
e insistimos en seguir,
seguimos atados a nuestras raíces, a nuestras costumbres,
seguimos esperanzados con volver sin habernos ido,
pero seguimos,
aunque sepamos que la vida
se empapa con la lluvia de la nueva ciudad.

No somos nadie, todo se pierde al cruzar la frontera,
nos convertimos en la estadística ilegal de ese país,
pero seguimos.

34. **Border**

Without turning back
we realize that our world was left alone;
I fix my gaze on the tumultuous passage of The Beast
and I see how emotion and anguish
eat away at our insides.
we are naïve
and insist on carrying on,
we remain attached to our races, to our customs,
we hope to return without having left,
but we continue,
even though we know that life
is drenched with the rain of the new city.

We are no one, everything is lost upon crossing the border,
we become the illegal statistic of this country,
but we continue.

35.

En esta oscuridad donde se refugia la noche
donde se muere y se revive con el viento,
pienso en ese lugar que no conozco.

Me espanto de mi audacia,
todavía no creo ser parte de esta aventura;
el asombro cae como piedra sobre el río
con el ruido de este monstruo embravecido
y aflora el miedo por mi atrevimiento.

 Lentamente me doy cuenta
que el olvido se viste de sí mismo,
tu nombre me llama, permanezco sordo
desposeído de besos y caricias.

Voy a cielo abierto con el desconsuelo a cuestas
a tocar tierra extraña y sin historia.

He dejado de ser un miserable
medida entre mortales, burla de los pobres.

Lo que este cuerpo que se aleja va perdiendo,
viene a salvarme a mí en este azaroso recorrido,
donde el infinito como la eternidad, se desplaza y avanza.

35.

In this darkness where the night rests
where we die and are revived by the wind,
I think of that place I do not know.

My courage frightens me,
I still cannot believe that I am part of this adventure;
the surprise falls like a stone in a river
with the noise of this wild monster
and fear blooms through my nerve.

Slowly, I realize
that oblivion dresses like itself,
your name calls me, I remain deaf
stripped of kisses and caresses.

I go to the open sky with grief on my back
to touch foreign soil, devoid of history.

I have stopped being a wretch
the measurement between mortals, the joke of the poor.

What this fleeting body is losing,
comes to save me in this risky journey,
where the infinite, like eternity, is displaced and moves on.

36.

Quisiera golpear al vendaval
que agresivo me hace perder el equilibrio
sobre estos vagones,
trae olores de muerte con los que impregna a los rieles;
es como un animal hambriento
que lame los sueños y olfatea el destino.

Quiere medir mi cuerpo
para sembrarlo en la tierra
y poner flores sobre mi nombre.

No, aún no he decidido dónde quedarme,
dónde amanecer junto a mi sombra.

36.

I'd like to hit the wind
so aggressive it knocks me off balance
on these boxcars,
it brings the smell of death that impregnates the tracks;
it is like a starving animal
that licks dreams and inhales destiny.

It wants to measure my body
to bury it in the earth
and place flowers on my name.

No, I have not decided where I want to stay,
where to wake up with my shadow.

37. Gritando, muriendo

La lluvia que moja la amarilla tristeza,
ennegrece al silencio que me acompaña;
con cada gota
la piel se desgasta
me moja,
me hiere,
siento su caída intermitente sobre mi cara,
se une a cada sollozo
a cada pensamiento
que se revela inquieto en este estar a solas,
gritando,
muriendo,
agosto se desvanece al igual que yo de mis pasos
y de mi país.

37. **Weeping, dying**

The rain that dampens the yellow sadness,
blackens the silence by my side;
with every drop
my skin wastes away
it wets me,
it harms me,
I feel its irregular falls on my face,
it joins each sob
each thought
that is restless in this solitude,
weeping,
dying,
August fades the same way I do from my footsteps
and from my country.

38.

Hoy se va la mañana,
la pesadez corporal
es el látigo del tiempo,
señala el cansancio
y despierta la aflicción de un día más
que transcurre en esta jornada.

Todo tiembla,
veo pasar las parvadas de golondrinas
y los nubarrones de la tarde.

El ferrocarril se abandona a las vías
y se aleja vertiginosamente,
hasta que el sol se esconde
donde de pronto todo es fantasía.

38.

Morning goes today,
physical weight
is the whip of time,
it signals fatigue
and awakens the affliction of one more day
that passes during this journey.

Everything shakes,
I watch the flocks of swallows
and the storm clouds of the afternoon go by.

The railroad gives itself to the tracks
and distances itself rapidly,
until the sun hides
where everything is suddenly a fantasy.

39.

La soledad se refleja en mi semblante
como un animal extraño,
como una aparición pálida y quieta
que merodea por los extravíos
donde descansan las pesadillas fúnebres.

Toco tu nombre
con el último destello lúcido
y una rara alegría me invade;
ya no veré más atardeceres
sobre los maizales de Soyapango,
ni madrugadas vestidas de primavera
junto a tu cuerpo.

¿Cómo decirte
que sobreviví en este camino
gracias al perfume de tus noches?

Aquí,
todo pasa inadvertido
ninguno se da cuenta de los polvos que vuelven a la tierra
tras quedar dormidos en el jardín del invierno.

¿Quién llegará a la cita con su destino?

39.

Loneliness is reflected on my face
like a strange animal,
like a pale and quiet ghost
that prowls along the evils
where the miserable nightmares rest.

I touch your name
with the last lucid gleam
and a rare happiness invades me;
I'll no longer see the sunset
over the cornfields in Soyapango,
nor the dawn dressed as springtime
next to your body.

How do I tell you
that I survived this voyage
thanks to the perfume of your nights?

Here,
everything happens unnoticed
no one sees the dust returning to the earth
after dozing off in the garden of winter.

Who will make it to their date with destiny?

El sol gira,
todo ha perdido sentido
lo único que necesito
es hundirme sin prisas, sin cansancio
en mi última agonía.

The sun turns,
everything has lost meaning
the only thing I need
is to sink unhurriedly, untiredly
into my final agony.

40. **No estoy muerta**

Se vino la mañana con el sol
me doy cuenta que no estoy muerta
que no me he vuelto sueño
que todavía tengo ojos y unas manos para tocar.

Sobre los rieles hay un hombre despedazado
mi estómago se contrae
y la necesidad de comer
se esconde bajo el miedo.

He acariciado a la muerte
se ha posado en mi hombro
me conoce
y seguirá a mi lado hasta el final del camino.

40. **I Am Not Dead**

The morning came with the sun
I notice that I am not dead
that I have not become sleep
that I still have eyes and hands that touch.

There is a man in pieces on the tracks
my stomach tightens
and the need to eat
recoils under my fear.

I have touched death
it has landed on my shoulders
it knows me
and it'll remain by my side until the end of the road

VOCES DE GOLONDRINAS

THE VOICES OF THE SWALLOWS

Para Bren
Que tiene el sudor del mundo en los pies.

Para Norma, Bernarda, Rosa, Nila, Tere,
Toña, Karina, Blanca, Doña Tere, Julia, Lupe,
Mariela y Pepe integrantes del grupo Las Patronas
Oasis de los migrantes.

For Bren
Who has the sweat of the world on his feet.

For Norma, Bernarda, Rosa, Nila, Tere
Toña, Karina, Blanca, Doña Tere, Julia, Lupe,
Mariela, and Pepe – members of the group
The Patrons of the Oasis of Migrants.

El sueño americano se ha convertido
En el infierno del exilio de mí mismo;
En las esquinas acecha la migra con sus redes
Para atraparme como un extraterrestre.

Homero Aridjis

El viento aquí es un aburrido ronroneo
Del infierno puesto a mitad de un río.
Del otro lado un anciano hipnótico me
Mira y pienso en recuperar mi identidad.

Jeremías marquines

The American dream has become
The inferno of my own exile;
Border patrol peers in the corners with their networks
To trap me like an extra-terrestrial.

Homero Aridjis

The wind here is the boring purr
Of a hell placed in the middle of a river.
On the other side, a hypnotic old man
Looks at me and I think of reclaiming my identity.

Jeremías Marquines

1.

Su voz es suave y lánguida
habla pausadamente
tiene muchos años de migrante.

No recuerda cuándo salió de Sonsonate
un pueblo de El Salvador.

Estuvo en los *yunaiteis*
hasta que la *border patroll*
 lo deportó a la frontera del lado mexicano
aquí acomodó su vida,
su familia del otro lado.

Su ropa nos dice quién es
no hay necesidad de preguntas

El lugar que ocupa diariamente
esta junto a las barras que separan
a Tijuana de San Diego;
ahí, él platica con nuevos *trampas*
que quieren cruzar,
su trato es amable
siempre habla de sus andanzas en *tierra de güeros*
el poco alimento que guarda lo comparte
                                    /con los que se acercan
"la gente es buena, todavía vienen a traerme cosas"
comenta.

1.

His voice is soft and languid
he speaks slowly
he has been a migrant for many years.

He doesn't remember when he left Sonsonate
a town in El Salvador.

He was in the United States
until border patrol
deported him to the Mexican side of the land
here, he arranged his life,
with his family on the other side.

His clothes tell us who he is
there is no need for questions.

The space he occupies daily
is next to the bars that separate
Tijuana from San Diego,
there, he speaks with those
who want to cross,
their manner is kind
always talking about his adventures in the land
/of the blondes
the little food he has he shares with whomever gets close
"people are good, they still bring me things"
he says.

Anochece,
su realidad duerme junto a ese rincón
del que se ha apropiado;
él sigue despierto,
desea ser ejemplo para los que llegan
a perseguir ciertos espejismos
que pueden acabar con la vida.

Ahora, solo existe.

Night falls,
his reality sleeps next to the corner
that he grew close to;
he's still awake,
and wishes to be an example for those who come
to chase fantasies
that could ruin their lives.

Now, he only exists.

2.

El maquinista hace sonar el silbato,
el gusano salvaje empieza a moverse perezosamente
es hora de avanzar hacia arriba, junto a
/la frontera americana.

Sobre su espalda carga una mochila
con la ración de comida que le dieron *"las patronas"*
a estas alturas es un tesoro, lo guarda celosamente.

"Es peligroso, pero de que otra manera podemos viajar?
no tenemos dinero, aquí se arriesga todo el honor,
/el amor y la vida"
y la sonrisa se hace presente.

Sus ojeras, delatan muchos días de insomnio
y de ver el horror pegado a los rieles
con los cuerpos mutilados.

"ser migra en este animal asesino
no es fácil, es como jugarle al verga"
me dice.

Kevin viene desde Sabanagrande,
su viaje ha sido tocado varias veces por la fatalidad
pero él sigue enganchado a la existencia sin soltarse.

Cruzar la frontera de Guatemala con Chiapas
es ya un triunfo

2.

The engineer blows the whistle,
the wild worm begins to move sluggishly
it is time to move upwards, up to the American border.

On his back is a backpack
with the ration of food he received from the bosses
at this stage it is a treasure; he guards it protectively.

"It's dangerous, but how else are we to travel?
we have no money, here we risk our honor, our love,
/and our lives"
and a smile appears.

The bags under his eyes give away many sleepless nights
and the many horrors stuck to the tracks
with broken bodies.

"to migrate in this murderous animal
isn't easy, it's like trying your luck"
he tells me.

Kevin comes from Sabanagrande,
his trip has been touched many times by fate
but he remains clutched onto life.

Crossing the Guatemalan and Chiapas border
is already a triumph

quiere llegar a *territorio gringo*;
"no más pobreza, ni privaciones, voy a trabajar duro
para ganar buenos dólares"

Sus palabras guardan una extraordinaria belleza
como la del moribundo que habla del futuro
y desconoce que está a punto de morir.

Le falta cruzar todavía mucha tierra mexicana,
el miedo lo tiene agarrado de la garganta
y se le dificulta respirar, pero se aguanta;
esta decidido,
por ningún motivo volteará a mirar atrás.

he wants to reach *gringo* territory;
"no more poverty, or deprivation, I'm going to work hard
to earn my dollars.

His words hold an extraordinary beauty
like those of the dying man who speaks of the future
and doesn't know that he will not see it.

There is still plenty of Mexican land to cross
fear has him by the throat
and he can't breathe, but he hangs on;
he has made his choice,
and for no reason will he turn around.

3. Itzel

Itzel se quedó en Tapachula
después de cruzar Centroamérica,
vive contemplando el futuro con una gran imaginación;
diariamente a partir de la medianoche
camina ondeando su cuerpo en esa calle semioscura
por donde transitan los vehículos.

Sus tacones transparentes esperan,
se retoca el maquillaje
se acomoda los senos
y me dice:
"me traje muchas ilusiones
y también muchas promesas, pero ya ve dónde estoy"
y una mueca de amargura se dibuja en sus labios.
nadie ha llegado
aún es temprano.

El humo del cigarro
y la música de *rocola*
ambientan la *zona de tolerancia.*

Itzel como la mayoría de su país
obtienen dinero de esta forma para sobrevivir;
espera una oportunidad
para seguir con rumbo al país del *billete verde*
y empezar una nueva vida.

3. **Itzel**

Itzel stayed in Tapachula
after crossing Central America,
she contemplates the future with great imagination;
every day after midnight
she walks, fluttering her body on the half-lit street
where the cars pass.

Her translucent heels wait,
she retouches her makeup
she adjusts her breasts
snd tells me:
"I brought many illusions with me
and many promises, too, but you can see where I am"
and a bitter grimace permeates her face.
nobody has arrived
it's still early.

The cigar smoke
and the jukebox music
liven the *zone of tolerance.*

Itzel, like most of her country
earns money this way in order to survive;
she waits for an opportunity
to continue towards the land of the green bills
and begin a new life.

4.

Su trabajo como fichera
le deja para vivir, pagar la renta y ahorrar algo
"nunca había tomado una copa, tuve que aprender
para ganar dinero y complacer a los clientes;
a veces ellos toman tanto que tengo que aplicar maña
para no terminar ahogada de borracha".

Llega su turno,
noche a noche tiene que bailar
sobre la tarima sucia y oxidada
de ese lugar maloliente frecuentado por jornaleros,
tiene destreza en el tubo, lo que la mantiene de planta
/en ese burdel
su cuerpo bien torneado se mueve de tal forma
que los hombres recorren sus movimientos
al compás de la música.

"Al principio tenía mucha vergüenza
pero no hay de otra, aquí no hay miramientos
o le entras o no comes, es la triste historia
de nosotras las indocumentadas" me dice.

Durante la plática, en su semblante se marca el llanto,
habla con voz entrecortada de su madre y hermano.

Pero vuelve el brillo a su mirada
cuando me explica que ya tiene bastante ahorrado
para pedir su visa de refugiada
y mandarle dinero a su gente.

4.

Her work as a hostess
earned her enough money to live, pay rent, and save some
"I had never had a drink, I had to learn
in order to make money and please the client;
sometimes they drink so much that I have to trick them
so I won't get so drunk".

It's her turn,
every night she dances
on the dirty and rusty platform
of that foul place, frequented by laborers,
she's good at it, it's what keeps her afloat in that brothel
her turning body moves in many ways
and the men follow it
to the beat of the music.

"At first, I was embarrassed
but there's no other way, they don't care here
either you do it or you don't eat, that's the sad story
of us undocumented women" she says to me.

During our talk, sadness tinged her expression
she spoke with the voice of her mother and brother.

But luster returned to her gaze
when she explained that she has saved enough
to ask for her refugee visa
and send money to her people.

La llaman, ya le toca bailar otra vez,
se va con movimientos de gacela,
escondiendo tras sus lindos gestos
la zozobra de no saber si hay mañana
después de esta noche.

Tthey call her, it's her turn to dance again,
and she rushes over like a gazelle
hiding behind her lovely movements
the anxiety of not knowing if there will be a tomorrow
after tonight.

5. Héctor

"Ser marica en cualquier parte
de Centroamérica es traer en la frente
la marca de la muerte;
la probabilidad de ser asesinado salvajemente es alta"
me comenta Héctor.

Lo conocí cerca de los carriles,
por donde estacionan los contenedores,
sus ademanes y su hablar me dijeron quién era.

Camine por la calle
donde se encuentran los migrantes
me acerque a ellos con el fin de entablar una conversación,
me platicaron historias tan dolorosas que compartí
                                          /su sufrimiento.

Continúe mi camino, más adelante me senté a descansar
                                          /sobre la acera,
Héctor se acercó amistosamente y lo invité a
                                          /hacerme compañía,
las palabras empezaron a fluir y sin darnos cuenta ya
                                          /estamos platicando;
la noche crecía con su oscuridad a cuestas
y las trivialidades eran comunes en la charla.

De pronto, empieza a hablar de él
"huí de Tegucigalpa por ser *"culero"*,
es un pecado que no lo perdona nadie,

5. **Hector**

To be gay in any part of Central America
is to wear the mark of death
of your forehead;
the chance of being viciously assassinated is high"
Hector tells me.

I met him near the tracks,
where they station the containers,
his gestures and his speech told me who he was.

I walked on the street
where the migrants are
I walked closer to them to start a conversation,
they shared painful stories, and I shared in their aching.

I continued on my path, and eventually sat down to rest on
/the pavement,
Hector walked over to me, amicably, and I invited him to
/keep me company,
the words began to flow and before we knew it, we were
/talking for hours;
the night grew with its darkness on its back
and our trivialities were made common during
/our conversation.

Suddenly, he starts talking about himself
"I fled Tegucigalpa because I'm gay,
an unforgivable sin,

poca es la gente que nos mira bien,
mi mamá sufre mucho por eso, es la única que me quiere.
un día salimos del cine con un amigo
nos topamos con unos pandilleros,
a él lo golpearon y a mí me violaron".

Su cara se contrae y se inunda con la lluvia salobrega
/del sentimiento,
saca un pañuelo, se limpia los ojos y la nariz.

"Sí, me violaron por ser un *"chuletón"*,
me lastimaron tanto que fui a parar al hospital.
cuando me dieron de alta supe que me andaban buscando,
esta vez para matarme;
tomé una *muda*, me despedí de mi mamá,
lloramos los dos y me fui, muy triste mi vida allá".

Sigo escuchando su historia atentamente,
vuelven las olas del mar, anegan su semblante y el mío,
mi brazo lo rodea y le pregunto cómo se siente
"ay, mamaíta, aquí nadie me mira mal,
una señora hasta me regalo un vestido,
aquí, cerca de las vías, he encontrado trabajo,
limpio casas, cuido a los niños, ayudo a vender, en fin
no me falta, estoy contento".

Ya está más calmado, mi brazo sigue sobre su hombro,
como si nos conocemos desde siempre;
le explico que la vida en si ya es un peligro
y que ir tras el futuro es parte de ello,

few people look at us as people,
it causes my mother a lot of suffering,
she is the only one who loves me.
one day we left the movies with a friend
we bumped into some gangsters,
they beat him and raped me".

His face floods with the salty rain of his emotions,
he takes out a handkerchief, and wipes his eyes and nose.

"Yes, they raped me because I am gay,
they hurt me so much I ended up at the hospital.
when they let me go, I found out that they were after me,
this time, to kill me;
I took a car, said goodbye to my mother,
we cried, and I left; my life was too sad there".

I keep listening to his story attentively,
the waves return, they stream down his gaze and mine,
my hand brushes him and I ask how he feels
"oh, mama, nobody looks at me wrong here,
a lady even gave me a dress,
here, close to the road, I have found work,
I clean houses, take care of children, sell things,
I don't need anything, I'm happy".

He is calmer now, my arm still on his shoulder,
as if we've known each other forever;
I tell him that life itself is already dangerous
and moving towards the future is part of it,

le inquiero si seguirá su viaje hacia el norte
y contesta:
"por ahora no creo, estoy trabajando con una señora
en su tienda de ropa y me va bien;
si llego a moverme será a la Ciudad de México".

Me dio su dirección y me pidió que no lo olvidara
que volviera para visitarlo, nos despedimos efusivamente
con mucha familiaridad.

Recogí los pedazos de mi corazón y regrese por donde vine.

I ask if he'll continue moving north
And he says:
"for now, I don't think so, I'm working with a woman
in her clothing store and I'm doing well;
if I move, it will be to Mexico City".

He gave me his address and asked me not to forget him,
to come back and visit, we said goodbye effusively
familiarly.

I picked up the pieces of my heart and returned
/from where I came.

6. **Catracha**

"Con gusto platico con uste
pero debe pagarme trecientos pesos,
porque estoy trabajando"
Ana María trabaja en un *congal* feo e insalubre
que se encuentra en Ciudad Hidalgo,
un pueblo de Chiapas que se ubica en la frontera;
una debe estar muy necesitada
para trabajar en ese lugar.

De facciones bonitas, con una figura bien delineada,
caderas anchas y piel clara,
una estatura de uno setenta que la hace ver
realmente hermosa.

Sonríe con confianza
como lo hacen todos los centroamericanos
y empezamos a conversar;
dice que viene de San Pedro Sula
con su hijo de cinco años,
por más que buscó un trabajo decente no encontró
"las señoras no quieren que nosotras seamos sus sirvientas
por temor a que le quitemo al marido, ese trabajo
solo se lo dan a las chapinas"

Me explica que en Honduras ya no se puede vivir,
son muchos para un país tan pobre
la falta de oportunidades y la amenaza de las pandillas
hicieron que tomara la decisión de salir
y buscar una vida mejor para ella y su hijo.

6. **Honduran**

"With pleasure I'll chat with you
but you should pay me three hundred pesos
because I am working"
Ana María works at an ugly and unclean brothel
in Ciudad Hidalgo,
a town in Chiapas located on the border;
one must be very desperate
to work at that place.

Pretty features, a nicely drawn figure,
wide hips and fair skin,
a height of five-five that makes her
truly beautiful.

She smiles confidently
like every Central-American does
and we begin to talk;
she says she comes from San Pedro Sula
with her five-year-old son.
no matter how hard I look for a decent job, I can't find one
"the women don't want us as their maids
because they're scared we'll steal their husbands,
they only give that job to the Guatemalan girls"

She explains that no one can live in Honduras anymore,
there are too many people in such a poor country
the lack of opportunities and the threat of gangs
forced her to make the decision to leave
in search for a better life for her and her son.

Vive en el pueblo
y todas las noches camina hasta el prostíbulo en que trabaja
"ser mujer *catracha* aquí no es fácil
somos abusadas por todos"

Su rostro es la imagen viva del desamparo y sufrimiento
de las mujeres sin alas que se han atrevido a volar
mas allá de sus límites por alcanzar los sueños,
esos que se tienen antes de caer en este abismo.

She lives in town
and every night she walks to the brothel where she works
"being a Honduran woman here is not easy
we're abused by everyone"

Her face is the living image of helplessness and suffering
of the women without wings who dared to fly
beyond their limits to reach their dreams,
those that are had before falling into this abyss.

7.

La noche es lenta y de poca clientela
está ahí, parada, expuesta a todos los peligros.

Recuerda la primera vez
"debutantes" les dicen
y toda ella se llena de lágrimas;
"nunca pensé llegar a esto,
yo estudié en la universidad allá en El Salvador"
dice, mientras se limpia los ojos con las manos;
sigue llorando, por lo difícil que ha sido,
sobre todo mantenerse viva.

"Madre, ¿uste piensa que me gusta esto?
no, mamaíta, hui de Chalatenango
porque los maras querían matarme"

Trato de consolarla
y le digo que tenga fuerzas para continuar,
me abraza y me da un beso en la mejilla,
un taxi se para, es un cliente, se sube
y me dice adiós.

El movimiento de su mano
es una mariposa que se va volando.

7.

The night is slow and of little clientele
she is standing there, bared to all dangers.

She remembers the first time
"debutants" they call them
and she is filled with tears;
"I never thought it would come to this,
I studied in the University of El Salvador"
she says, as she wipes her face with her hands;
she keeps crying, because of how hard it has been,
above all, to stay alive.

"Mother, do you think I like this?
no, mama, I fled Chalatenango
because the maras wanted to kill me"

I try to console her
and I tell her to have the strength to go on,
she hugs me and kisses my cheek,
a taxi stops, it's a client, she goes inside
and says goodbye.

The movement of her hand
is a butterfly flying away.

8.

Después de un tiempo
solo pensaré en este recorrido como una alucinación
con sus días trotando junto a mí
como caballos desbocados
sobre esa interminable pradera.

Cuando más me visitó la muerte
más me aferré a la vida
la agarré tan fuerte que logré lastimarla
y lloramos.

En esta soledad de una ciudad que no conozco,
toco cada parte de mi cuerpo
porque no me siento completa
me hace falta la respuesta correcta.

8.

After some time
I'll remember this journey as a hallucination
with its days trotting beside me
like runaway horses
on that endless meadow.

The more I was visited by death
The more I held on to life
I held her so hard that I hurt her
and we cried.

In this loneliness of a city I do not know,
I touch every part of my body
because I do not feel complete
I am missing the right

9.

Cariño,
todo ha pasado
ya no tenemos carencias;
ahora,
podemos platicar con risas
sobre esa época
en que recostados sobre el monte
nos peleábamos las estrellas
para distraer el hambre;
podemos conversar sobre esa pesadilla
que fue nuestra infancia robada
en aquella casa promiscua
donde se mataban palomas
y a los cerdos les crecían alas.

Todo fue un mal sueño.

Mira,
afuera llueve,
pero no es igual al aguacero
cuando se desata en Guatemala

9.

My love,
everything has passed
we do not lack anymore;
now,
we can talk and laugh
about the time when
lying on the hill
we fought for the stars
to distract our hunger;
we can discuss the nightmare
that was our stolen childhood
in that promiscuous house
where the doves were killed
and the pigs grew wings.

Everything was a bad dream.

Look,
it's raining outside,
but it's not the same as the rainfall
in Guatemala.

10. **Mi nombre es nadie**

Las palabras revolotean en mi cabeza
son pájaros que se alimentan
de las migajas pensativas
y su algarabía ahuyenta todo.

Las luces de esta metrópoli,
son diferentes a los de aquel lugar de donde vine
un día en que cambié de nombre;
sin dejar de mirar por la ventana
los cumpleaños, los amigos,
mis hermanos y a mi madre
aún se me hace rara

Ahora mi nombre es nadie
y me pierdo entre los miles
de habitantes de esta urbe.

10. **My Name Is Nobody**

The words flutter in my head
they're birds that feed
on my thoughtful crumbs
and their noise frightens everything away.

The lights of this metropolis,
are different from the ones from where I came
the day I changed my name;
without turning away from the window
the birthdays, friends,
my brothers and my mother
are still strange to me.

Now my name is nobody
and I get lost among the thousands
of inhabitants of this city.

11. Un país extraño

Bajo el cielo azul de un país extraño,
te busco en la profundidad de mis adentros
en cada mujer que veo pasar por este bosque de miradas
en cada olor, sonrisa o lugar, te busco.

Al final,
ya con la sal entre las manos
sé que te he perdido.
esa sensación de vacío repasa mi mente
y tu rostro se desmorona
haciendo un ruido silencioso
como un sollozo.

Aprenderé a no pensar más
en tu larga cabellera con olor a duraznos
y en tus facciones dónde se posa la tarde.

El amor es ahora un huérfano que camina solo por las calles.

11. **A Strange Country**

Under the blue sky of a strange country,
I look for you in the depths of my insides
in every woman that passes through this forest of eyes
in every scent, smile, or place, I look for you.

In the end,
with salt between my hands
I know that I have lost you.
this empty feeling skims my mind
and your face crumbles
making a quiet sound
like a moan.

I'll learn to stop thinking about
your long hair with its peach aroma
and where the afternoon rests on your face.

Love is now an orphan walking alone through the streets.

12. **Ausencia**

En mi corazón habita el silencio,
la luz de tus ojos se apaga mientras duermes
y tus pensamientos me pertenecen ahora.

El sentimiento de abandono me apresa
y hasta el sonido de los grillos los escucho en otro idioma.

Me he amarrado fuerte a este autoexilio
para no salir corriendo
cuando me hablas de la lejanía
de la casa
de mamá.

Aquí no hay mañanas fáciles
que me permitan caminar con libertad
ni esperanza de alzar el vuelo a la hora que uno quiera
para ir a buscarlos

Solo se respira distancia,
la melancolía camina junto a la añoranza
y a la incertidumbre,
que día a día exige volver.

12. **Absence**

Silence lives in my heart
the light in your eyes dims while you sleep
and your thoughts belong to me now.

The feeling of abandonment seizes me
and I hear even the cricket's song in another language.

I've secured myself firmly to this self-exile
so that I won't run away
when you speak to me about the distance
from my house
from my mother.

There are no easy mornings here
that allow me to walk freely
nor is there the hope to fly whenever I want
to go and get you.

All I breathe is distance,
melancholy walks beside nostalgia
and uncertainty
that demands to return every day.

DE AMÉRICA CENTRAL VIENE KAME CRUZANDO RIOS

KAME COMES FROM CENTRAL AMERICA CROSSING RIVERS

En cierto país bajo el sol
Y bajo ciertas nubes.
Dejan tras de sí su cierto todo,
Campos sembrados, ciertas gallinas,
Perros,
Espejos en los que justamente
Se contempla el fuego.

Wislawa Szymborska.

In a certain country I lower the sun
And I lower certain clouds.
They leave all their truths behind,
Sown fields, some chickens,
Dogs,
Mirrors in which the fire
Is precisely contemplated.

Wislawa Szymborska

1. **Bajo otro sol. El sur**

Sus ojos se topan
con el espejo ardiente de las aguas,
el brillo le pega en el rostro
y contempla una figura raquítica,
temerosa y vestida de miseria.

Su casa que dejó en Nahualá va de acuerdo con ella,
mujer insignificante y desafortunada
con sueños bordados sobre los tejidos de los telares
que vendía a precios de lágrimas
en el mercado de Antigua Guatemala.

Le han matado a su esposo
con quien llevaba un año de casada;
"Todo por un pedazo de tierra
que quería pa sembrar milpa";
las ilusiones solo son palomas
que sucumben ante la embestida de los cuervos,
esos que anidan en el alma
según dice Luis Enrike.

No le queda nada en Guatemala;
ahora está en la orilla del Río Suchiate
donde emerge la muerte junto a las almas
de los hombres que fueron asesinados en la guerra.

Espera que el destino la tome de la mano
y sea benévola con ella,

1. **Under a Different Sun. The South**

Her eyes touch
the burning mirror of the water,
the shine hits her face
and she observes a shaky figure,
fearful and dressed in misery.

Her house that she left in Nahualá goes according to her,
insignificant and unlucky woman
with dreams embroidered on the fabrics of the looms
that she would sell at the price of tears
at the market in Old Guatemala.

They've killed her husband
To whom she had been married for a year;
"All for a piece of land
that he wanted for corn";
illusions are doves
that succumb to the crows' attack,
those that nest in the soul
according to Luis Enrike.

She has nothing left in Guatemala;
now she's on the edge of River Suchiate
where death emerges next to the souls
of the men who were killed at war.

She waits for destiny to take her by the hand
and be gentle with her,

necesita valentía para cruzar a México;
le han dicho que del otro lado
esta la Ciudad de Tapachula
donde vive un pollero llamado Arturo Obregón,
según cuanto le pueda pagar,
él la llevara por el camino de las vías
para que suba a La Bestia
o incluso hasta la frontera del Estado de Sonora,
ahí la recomendará con un coyote
que la pasará a la Unión Americana.

Anota la recomendación
sobre un papel que guarda celosamente;
con sus pocas pertenencias se acurruca en el borde
contempla el infinito con un fulgor inusual en la pupila,
solo esas humedades conocen sus pensamientos
la corriente arrastra los recuerdos,
su "uq" y su huipil, la injusticia y el hambre,
su lengua, los usos y costumbres del pueblo Quiché.

Es tarde, el sol también migra al otro extremo del mundo
cierra sus párpados y su mirada se apaga
para abrirlos en otro país, en otra tierra;
Juana Ixcoy contempla sobre el afluente
el destello de las estrellas que iluminan
el velo oscuro de la noche,
el concierto acuático que escucha
sobrepasa al de los grillos;
en este Sur el amanecer lo sorprende
con la primera luz que se posa en los techos;

she needs courage to cross into Mexico;
they've told her that the city of Tapachula
is on the other side
where a farmer named Arturo Obregón lives,
depending on how much she can pay,
he'll take her to the roads
and lift her onto The Beast
or maybe take her to the state of Sonora,
where he'll connect her to a middleman
who will cross her into the American Union.

She scribbles the recommendation
on a piece of paper that she guards cautiously;
with her few possessions she curls up on the edge
contemplating the infinite with an unusual gleam
/in her pupil,
only that moisture knows her thoughts
the current drags the memories,
her uq and her huipil, injustice and hunger,
her tongue, the dresses and customs of Quiché.

It's late, the sun also travels to the other side of the world
closes its eyelids and turns off its gaze
to open them in another country, another land;
Juana Ixcoy thinks of the river
The sparkle of the stars that illuminate
the dark veil of the night,
the aquatic symphony she hears
exceeds that of the crickets;
in this south, the dawn surprises him
with the first light in the sky;

tristemente se da cuenta que nunca será
como la que se despliega sobre los tejados de su pueblo.

Atraviesa el Río
EN ESTE MOMENTO SE ESCRIBE SU HISTORIA.

sadly he realizes that it will never compare
to the one that spreads over the tiles of his village.

He crosses the River
HIS STORY IS WRITTEN IN THIS MOMENT.

2. En la frontera. El infierno

Cavilante,
con las manos sobre el rosto
ocupa una silla en la estación de autobuses;
el desamparo muerde temeroso a la soledad
y la mudez acalla todo sonido del instante.

La Ciudad de Tecún Umán la observa
como un animalito extraño
que se ha perdido en la maleza;
los comerciantes con ojos titilantes
engullen su juventud,
es difícil pasar desapercibida
cuando eres canche
en un bosque de pieles humeantes
quemadas por el sol.

Me acerco despacio, con pasos lentos,
no quiero asustarla;
me siento a un lado de ella, junto a sus cosas,
las retira y las pone debajo de sus pies,
hurgo en mi bolsa y se cae todo su contenido
amable me ayuda a recoger
"Muchas gracias, soy una bereca"
"No tenga pena"
"¿De dónde sos vos?"
"Vengo de Cojutepeque, de El Salvador"
"¿A dónde vas?"
"No sé, salí de mi casa antier,

2. **At the Border. Hell**

Thinker,
with her hands on her face
sits at the bus station;
helplessness fearfully bites loneliness
and muteness instantly quiets every sound.

The city of Tecún Umán watches her
like a strange animal
lost in the weeds;
with titillating eyes, the merchants
guzzle her youth,
it is difficult to go unnoticed
when you're a blonde
in a forest of smoldering bodies
burned by the sun.

I approach slowly, with gentle steps,
I do not want to frighten her;
I sit beside her, next to her things,
she takes them and puts them under her feet.
I rummage through my bag and everything falls out
kindly, she helps me pick things up
"Thank you, I'm clumsy"
"Don't worry about it"
"Where are you from?"
"I come from Cojutepeque, from El Salvador"
"Where are you headed?"
"I don't know, I left my house the day before yesterday,

Un chero me ayudo a huir de mi padrastro,
abusaba de mí,
llegue a San Salvador y fui a ver a mi tía
ella me compro un pasaje
para viajar hasta esta frontera;
como no traigo papeles el *Ticabus* me bajó en *"El Carmen"*,
tenía la esperanza de poder cruzar y subirme al tren,
no puedo regresar, tal vez a Ciudad Guatemala
pero no conozco a nadie."

La mire con agudeza
quería saber si desnudaba con las palabras
la verdad que se escondía en sus ojos,
es muy joven, aún se atisban rasgos de niña
en su cara pálida de virgen mancillada por el tiempo.

Su edad, no le permite advertir los peligros de la aventura
mucho menos ver el centellear de las cuencas lascivas
/y lumbrosas
de los esbirros de Satanás que proliferan en esas tinieblas.

Escurro mi vista sigilosa sobre el páramo adyacente
espero que los cancerberos
ya no tengan interés por la presa
y sobrepasemos el quicio del riesgo
que nos separa de la puerta.

Le digo que me escuche atentamente
"estas en peligro, a punto de ser arrojada
a un infierno peor al que tenías en casa;

A friend helped me escape my stepfather,
he abused me,
I arrived in San Salvador and went to see my aunt
she bought me a ticket
to come to this border;
since I don't have papers the *Ticabus* dropped me off
/in *El Carmen*,

I hoped to cross and get on the train,
I can't go back, maybe to Guatemala City
but I don't know anybody."

I looked at her deeply
I wanted to know if she bared with her words
the truth hidden in her eyes,
she's very young, her girlish features were still clear
on her pale face of a virgin tarnished by time.

Her age does not allow her to avoid the dangers
/of this adventure
much less see the twinkle in the lascivious eyes
of Satan's henchmen who thrive in these shadows.

I strain my sight discreetly onto the adjacent wasteland
hoping that the guards
have no interest in her
and we can surpass the threats
that separate us from the door.

I tell her to listen to me carefully
"you are in danger, about to be thrown
into a hell worse than the one back home;

agarrá mi bolsa y yo cargaré tu mochila,
te llevaré a la Casa del Migrante
no voltiés, solo caminá junto a mí"

Bajo una tarde luminosa
salimos a esa falsa ciudad
con rumbo al refugio prometido;
atravesamos no la Frontera
sino la calle vestida de basura,
tiendas de paca y cantinas,
donde la lujuria camina desnuda
apoderándose de cuerpos y de edades.

Llegamos a su nuevo hogar
le hago recomendaciones,
hablo de la maldad de la gente
y de los diablos que tienen infiernos lupanares
atestados de niñas como ella.

La abrazo efusiva
como si esa *patoja* fuera mi familia,
empieza la lluvia
¿qué putas hago yo mojándome con esta tormenta?
Esas tempestades jamás dejaran de caer.

hold my bag and I'll carry your backpack,
I'll take you to the House of the Migrant
don't turn around, just walk next to me"
Under a bright afternoon
We set out for that fake city
towards the promised refuge;
we crossed, not the border
but the street dressed in garbage,
paca stores and bars,
where luxury walks nakedly
seizing bodies and ages.

We arrived at her new home
I make recommendations,
and talk to her about the evils of people,
of the demons with hellish brothels
packed with girl like herself.

I hold her effusively
as if that child were my family,
the rain begins
what the hell am I doing drenching myself under this storm?
Those tempests will never stop falling.

3. **Pies que retornan. Rio de muerte**

> *Soy alguien que tropieza, y vive, y sueños.*
> *Solo eso. Soy distinto al primer hombre,*
> *Pero igual a cada uno de ustedes.*
> Oscar Oliva

El río fluye lento bajo el fulgor del día,
con la ansiedad reflejada en el movimiento sutil de los pies
espero la balsa que me llevará al costado de Guatemala
nos formamos, reptando en un cúmulo de voces
mientras nos toca el turno;
hay varios que han ido a Ciudad Hidalgo,
en el vecino estado de Chiapas, México, a comprar mercancía
ocupan todo el espacio de la barcaza improvisada con
/los productos
y el avance de la gente que aguarda se hace lenta.

Viene un joven hacia mí
me pregunta si voy para el otro lado, le digo que sí,
"véngase conmigo, la voy a llevar"
mientras incorpora la embarcación al torrente
iniciamos un diálogo tímido para agarrar confianza,
me cuenta que se llama Erick y que es de Nicaragua,
trabaja de balsero en el río hasta que junte una "paga"
para volver a Estados Unidos.

Ya no se acostumbra por estos rumbos
de seguro la ceiba donde enterraron su ombligo ya no existe,
"No es eso, allá se gana buen dinero,
el trabajo se cobra por hora".

3. Feet that Return. River of Death

> *I am one who trips, and lives, and dreams.*
> *Just that. I am different from the first man,*
> *But the same as each of you.*
> Oscar Oliva

The river flows slowly under the brightness of the day,
With anxiety reflected in the subtle movement of my feet
I await the raft that will take me to the edge of Guatemala
we line up, writhing in a heap of voices
as we wait our turn;
many have gone to the city of Hidalgo,
the neighboring state of Chiapas, Mexico, to buy goods
they take up the entire space of the improvised barge
/with products
and the advancing of expectant people slows down.

A young man walks towards me
he asks me if I'm going to the other side, I say yes,
"come with me, I'll take you"
as he pushes the vessel into the water
we speak shyly to get comfortable with each other,
he tells me that his name is Erick and that he's
/from Nicaragua,
he's working as a boatman in the river until he saves
/enough for a "payment"
to return to the United States.

He hasn't grown accustomed to these parts
surely the ceiba tree where they buried his belly button
/doesn't exist anymore,
"It's not that, you make good money there,
work is charged by the hour".

"¿Y tu familia?"
"Vive en Los Ángeles, por eso quiero regresar"
su piel curtida por el trabajo duro
en el remar diario contra esa corriente
se nota en su rostro y en las partes expuestas de su cuerpo
"Yo crecí del otro lado, desde los doce años me llevaron,
hace casi ocho meses caí en una redada y me deportaron,
pero ya voy pa atrás otra vez"

Llegamos a la orilla y salto a la escalera de concreto
que sirve como dique
lo veo alejarse, remando lentamente
sobre la sencilla balsa,
me imagino a Caronte transportando
a las almas errantes de los muertos por el Estigia.

"And your family?"
"They live in Los Angeles, that's why I want to go back"
his skin tarnished by the hard work
of rowing daily against the steam
it is obvious on his face and every exposed place on his body
"I grew up on the other side, since I was twelve years old,
almost eight months ago I was caught in a raid and
/they deported me,
but I'm going back"

We arrived on the shore and I jump onto
/the concrete staircase
that serves as a dock
I watch him moving away, rowing slowly
on the simple boat,
I imagine Charon transporting
the wandering souls of the dead through the river Styx.

4. **Levantada**

De que furioso vientre
Surgen estas bestias.
Enrique Noriega

"Aquí te quedas tía, mira atentamente,
no lo hagas de frente, no hables, no preguntes,
solo mira"

Junto aquella miscelánea de abarrotes, frutas y verduras
los colores hacen un arco iris
de olores y sabores
con los distintos productos,
me acomodo sobre una caja de madera
que ha servido para guardar algún tipo de fruta;
desde ahí observo atenta el camino
que pasa rumbo al embarcadero,
también me permite ver el movimiento del otro lado.

El Río Suchiate reverbera, refleja los quemantes
/rayos del sol,
caen como latigazos sobre la sierpe acuífera,
aumenta el calor, es la antesala del infierno
que esconde demonios en el vapor de los cuerpos.

El ir y venir de las personas,
los pregoneros, los enganchadores y los cambistas
hacen un gran barullo, son abejas en el panal
/de la cotidianidad
sobre esa franja de tierra

4. Up

> *From what furious womb*
> *Emerge these beasts.*
> Enrique Noriega

"You'll stay here, aunt, watch closely,
not straight ahead, don't speak, don't ask,
just watch"

Alongside that miscellany of groceries, fruits and vegetables
where the colors create a rainbow
of aromas and flavors
with all the different foods,
I accommodate myself on a wooden box
that has served as storage for some type of fruit;
from there, I observe the road
that passes through the shore,
and allows me to watch the movement on the other side.

The Suchiate River reverberates, reflects the scorching
/sunrays,
they fall like lashes on the watery serpent,
the heat increases, it is the threshold of hell
that hides demons in the vapor of the bodies.

The coming and going of people,
the auctioneers, the hookers, and the money changers
clamor, they are bees in the honeycomb of everyday life
on that strip of land
where there is no law nor honor to be respected.

donde no hay ley ni honor que se respete.

De repente miro pasar corriendo a varios niños,
se suben a la balsa improvisada de cámara de llantas
/y tablas,
atraviesan el torrente,
me asomo más adelante
y veo que el bus de Guatemala ha llegado;
ellos van al encuentro de los pasajeros
que llegan de ese país y de otros más de Centroamérica;
la gente baja,
los niños ofrecen sus servicios para cargar las maletas;
una joven llama mi atención,
tres niños la rodean y le ayudan a cargar el equipaje,
se enfilan hacia las balsas para cruzar a México;
suben y sus gestos indican que platican amenamente
/con ella.

Desde el puente, el "Oficial de Migración" no los pierde
/de vista;
cuando llegan a la orilla,
la ayudan a proseguir cargando las valijas;
sin que ella lo advierta,
el más pequeño le hace señas al que observa,
éste saca el celular y lo pone al habla.

La joven continúa el camino junto a los tres,
cuando pasan frente a mí, se paran y reciben su pago;
la joven avanza sola
se mete entre la multitud que va y viene

Suddenly I watch several children run by,
they board a makeshift raft of tires and wooden boards,
they cross the torrent,
I peer up ahead
and I see that the bus from Guatemala has arrived;
they go to meet the passengers
that come from that country and others from Central
America;
the people disembark,
the children offer their services to carry their luggage;
a young girl catches my attention,
three kids surround her and help her with her bags,
they line up by the rafts that'll cross them into Mexico;
they climb up and their gestures indicate that they speak
/pleasantly with her.

From the bridge, the "Officer of Migration" doesn't lose
/sight of them;
when they reach the shore,
they help her continue and carry her suitcases,
without her noticing,
the smallest one signals to the one observing them,
this one takes out his cell phone and speaks into it.

The young girl continues next to the three,
when they cross my path, they stop and receive their pay;
the girl continues alone
she goes inside the crowd that comes and goes
she is innocence alive walking on the street
I follow her with my eyes,

es la inocencia viva que transita por la calle;
la sigo con la vista,
unos metros adelante
llega a toda velocidad una camioneta ocupada por hombres
se le emparejan y descienden,
la agarran con violencia,
ella grita y lucha,
la golpean salvajemente
la suben y se alejan.

Atónita, con un sonido hueco en el corazón, veo todo,
la dueña de la tienda desde donde soy testigo
sale a barrer la entrada y me dice:
"usted no vio nada, esto aquí es normal, no se espante"
ante la impresión no puedo articular palabras,
noto que todos siguen con sus actividades
nadie atestigua cómo es raptada la recién llegada.

El vehículo se aleja con su valiosa carga,
me doy cuenta que en esta Frontera Sur
ser mujer es tan peligroso
como ser reportero o periodista en México;
la vida vale menos que la de un gato,
un gato que ensambla la noche con negros rayos de luz
que se descomponen con el silencio.

a few meters ahead
a van with some men approaches her at full speed
they stop next to her and get off,
they grab her violently,
she yells and struggles,
they brutally beat her
lift her inside and drive off.

Astonished, with a hollow sound in my heart, I see it all,
the owner of the store from which I am a witness
comes out to sweep the entrance and tells me:
"you didn't see anything, this is normal here,
/don't be afraid"
upon seeing that, I am unable to speak,
I notice everyone continues with their activities
no one saw how the newcomer was abducted.

The van moves away with its precious cargo,
I realize that in this Southern Border
it is so dangerous to be a woman
like being a reporter or journalist in Mexico;
her life is worth less than a cat's,
a cat who joins the night with black sunrays
that rot in the silence.

Nota biográfica

Chary Gumeta (María del Rosario Velázquez Gumeta) 1962. Chiapas, México. Licenciatura y Maestría enfocados a la Educación, Promotora Cultural de arte y Literatura. Ha publicado en diversos medios de difusión, Libros de investigación histórica regional y Libros de poesía entre los que podemos mencionar:

- *VENENO PARA LA AUSENCIA* (1ª. Edic. Public Pervert 2012, 2ª. Edición Argot Ediciones, Guatemala C.A. 2016)
- *PERLAS DE OBSIDIANA* (Espantapájaros Edit. 2014, México)
- *POEMAS MUY VIOLETAS* (Metáfora Editores, 2016, Guatemala, C. A.)
- *COMO QUIEN MIRA POR PRIMERA VEZ UN UNICORNIO* (Edit. La Chifurnia, 2016, El Salvador, C.A.)
- *COMO PLUMAS DE PAJAROS* (CONECULTA-CHIAPAS, SC., 2016, México).
- *DESPATRIADOS* (Metáfora Editores, 2018, Guatemala C. A.)

Ha sido incluida en antologías de varios países entre los que podemos mencionar *"Y PORQUE NO PODEMOS CALLARNOS"* (Edit. El Perro Celestial, Bolivia S.A.), *POETAS POR AYOTZINAPA. ANTOLOGIA BILINGÜE.* (México-EU., Edit. City Lit.) *EL TURNO DEL DISIDENTE* (Edit. Metáfora, Honduras, C.A.), *PLEXO CHILE-CHIAPAS* (Edit. Casa Azul, Chile, S.A.) *ENTRA-MAR: Antología Poética*

Biographical Note

Chary Gumeta (María del Rosario Velásquez Gumeta) 1962. Chiapas, Mexico. Bachelor's and Master's degrees in Education. Cultural promoter of Art and Literature. She has been published on many different media outlets, regional investigative history books, and books of poetry including:

- *VENENO PARA LA AUSENCIA* (1ª. Edic. Public Pervert 2012, 2nd Edition. Argot Ediciones, Guatemala C.A. 2016)
- *PERLAS DE OBSIDIANA* (Espantapájaros Edit. 2014, México)
- *POEMAS MUY VIOLETAS* (Metáfora Editores, 2016, Guatemala, C. A.)
- *COMO QUIEN MIRA POR PRIMERA VEZ UN UNICORNIO* (Edit. La Chifurnia, 2016, El Salvador, C.A.)
- *COMO PLUMAS DE PAJAROS* (CONECULTA-CHIAPAS, SC., 2016, México).
- *DESPATRIADOS* (Metáfora Editores, 2018, Guatemala C. A.)

She has been included in several anthologies all over the world including: *"Y PORQUE NO PODEMOS CALLARNOS"* (Edit. El Perro Celestial, Bolivia S.A.), *POETAS POR AYOTZINAPA. ANTOLOGIA BILINGÜE.* (Mexico-USA, Edit. City Lit.) *EL TURNO DEL DISIDENTE* (Edit. Metáfora, Honduras, C.A.), *PLEXO CHILE-CHIAPAS* (Edit. Casa Azul, Chile, S.A.) *ENTRA-MAR: Antología*

(Sakura Ediciones, Colombia, S.A.) por mencionar algunos. Ha participado en Festivales de Poesía en varios estados de México, Guatemala, El Salvador, Honduras, Costa Rica, Perú, Argentina, Bolivia, Colombia, España y Francia. Su poesía ha sido traducida al inglés y a las lenguas originarias Zoque y Cakchiquel.

Ha Presentado libros y realizado conversatorios en Ferias de Libros como la FILCH-FERIA INTERNACIONAL DEL LIBRO CHIAPAS-CENTROAMERICA (Chiapas, México 2012 AL 2016), FIL GUADALAJARA (México 2015 Y 2016), FILGUA (Guatemala 2015), FLEX (Quetzaltenango, Guatemala 2015), FERIA DEL LIBRO DE LEON (León, España 2015), FERIA DEL LIBRO DE TOULOUSE (Toulouse, Francia 2015) FILIJC (Guatemala 2016), FIL XELA (Quetzaltenango, Guatemala 2018)Como ponente ha participado en el VII y VIII COLOQUIO DE CULTURA MEXICANA DE LA UNIVERSIDAD DE GUADALAJARA (2015 y 2016); 1er COLOQUIO DE HISTORIA Y SOCIEDAD EN LA LITERATURA EN CHIAPAS (2017), organizad por la UNACH.

Ha sido jurado en la categoría de Poesía en el Décimo Tercer Concurso Literario Gonzalo Rojas Pizarrro 2015 de Lebu, Chile y del Primer Premio de Poesía Joven, promovida por el Festival Internacional de Poesía Quetzaltenango. Por su trayectoria ha sido reconocida por el Suplemento Cultural Rayuela del periódico Péndulo. A través de la antología *VOCES DE AMERICA LATINA* (Edit. MediaIsla, E.U.), sus textos son parte de la cátedra de Literatura en la Universidad Hunter College of New York. El libro

Poética (Sakura Ediciones, Colombia, S.A.), among others. She has participated in poetry festivals in various states of Mexico, Guatemala, El Salvador, Honduras, Costa Rica, Peru, Argentina, Bolivia, Colombia, Spain and France. Her poetry has been translated to English and the indigenous languages of Zoque and Cakchiquel.

She has presented books and held conferences in book fairs including: FILCH-FERIA INTERNACIONAL DEL LIBRO CHIAPAS-CENTROAMERICA (Chiapas, México 2012 - 2016), FIL GUADALAJARA (Mexico 2015 and 2016), FILGUA (Guatemala 2015), FLEX (Quetzaltenango, Guatemala 2015), FERIA DEL LIBRO DE LEON (León, Spain 2015), FERIA DEL LIBRO DE TOULOUSE (Toulouse, France 2015) FILIJC (Guatemala 2016), FIL XELA (Quetzaltenango, Guatemala 2018) She has been a speaker at VII and VIII COLOQUIO DE CULTURA MEXICANA DE LA UNIVERSIDAD DE GUADALAJARA (2015 and 2016); 1st COLOQUIO DE HISTORIA Y SOCIEDAD EN LA LITERATURA EN CHIAPAS (2017), organized by UNACH.

She has been a judge in the category of poetry in the Thirteenth Gonzalo Rojas Pizarro Literary Contest of Lebu, Chile, and in the First Award of Youth Poetry, initiated by the International Festival of Quetzaltenango Poetry. Her influence has been praised by the Suplemento Cultural Rayuela of the newspaper: Péndulo. By way of the anthology VOCES DE AMERICA LATINA (Edit. MediaIsla, USA), her

"TAMBIEN EN EL SUR SE MATAN PALOMAS" (traducido al kaqchiquel) es parte de la Enciclopedia de la Literatura en México.

Como promotora Cultural realiza eventos culturales de arte y literatura en diferentes lugares de México y otros países. Ha contribuido a la relación cultural de algunos artistas extranjeros con Chiapas a través del intercambio. Actualmente es coordinadora del Festival Internacional de Poesía Contemporánea SCLC y de Literatura en el Festival Multidisciplinario Proyecto Posh.

texts are part of the curriculum at Hunter College (CUNY). The book, *"TAMBIEN EN EL SUR SE MATAN PALOMAS"* (translated to Kaqchiquel) is part of the Encyclopedia of Literature in Mexico.

As promoter of culture, she plans cultural events of literature and art throughout Mexico and other countries. She has contributed to the cultural relationship of foreign artists with Chiapas through the exchange. Currently, she is the coordinator of Contemporary Poetry SCLC and Literature in the Proyecto Posh Multidisciplinary Festival.

www.ingramcontent.com/pod-product-compliance
Lightning Source LLC
Chambersburg PA
CBHW072002090426
42740CB00011B/2054